现代化进程中的传统村落
——2023江苏历史文化名村调查

江苏省乡村规划建设研究会
乡村历史文化保护利用专业委员会
主编

中国建筑工业出版社

图书在版编目（CIP）数据

现代化进程中的传统村落：2023 江苏历史文化名村调查 / 江苏省乡村规划建设研究会乡村历史文化保护利用专业委员会主编 .—北京：中国建筑工业出版社，2024.2

ISBN 978-7-112-29518-0

Ⅰ.①现… Ⅱ.①江… Ⅲ.①乡村—调查报告—江苏—2023 Ⅳ.① K295.35

中国国家版本馆 CIP 数据核字（2023）第 251589 号

责任编辑：张智芊　宋　凯
责任校对：赵　力

现代化进程中的传统村落——2023 江苏历史文化名村调查
江苏省乡村规划建设研究会乡村历史文化保护利用专业委员会　主编

*

中国建筑工业出版社出版、发行（北京海淀三里河路9号）
各地新华书店、建筑书店经销
北京雅盈中佳图文设计公司制版
临西县阅读时光印刷有限公司印刷

*

开本：787毫米 ×1092毫米　1/12　印张：16　字数：298 千字
2024 年 6 月第一版　2024 年 6 月第一次印刷
定价：**128.00** 元
ISBN 978-7-112-29518-0
（42275）

版权所有　翻印必究

如有内容及印装质量问题，请与本社读者服务中心联系
电话：（010）58337283　QQ：2885381756
（地址：北京海淀三里河路9号中国建筑工业出版社604室　邮政编码：100037）

编 委 会

编委会主任 顾小平

编委会副主任 杨洪海　王鲁宁

编委会成员 崔曙平　龚　恺　钟　晟　张奇云　陈文志

学 术 顾 问 朱光亚　胡阿祥

主　　　编 龚　恺

副 主 编 闾　海

编 写 组 常　征　方　遥　华晓宁　李兆祥　麦洁鸣　裴逸飞
　　　　　　汪　涛　夏　兵　夏　健　徐　鹏　徐永战　张昊雁
　　　　　　张建新　张　潇　周　敏

参 编 单 位（排名不分先后）
　　　　　　江苏省城镇与乡村规划设计院有限公司
　　　　　　东南大学建筑学院
　　　　　　南京大学建筑与城市规划学院
　　　　　　南京工业大学建筑学院
　　　　　　苏州科技大学建筑与城市规划学院
　　　　　　中国矿业大学建筑与设计学院
　　　　　　扬州大学建筑科学与工程学院
　　　　　　常州工学院土木建筑工程学院
　　　　　　南通大学艺术学院（建筑学院）

序言

今年夏天在省住房和城乡建设厅召开的一次乡村遗产保护和建设的会议上听到龚恺老师介绍了他们在省乡村规划建设研究会支持下开展的工作，会上他又介绍了他组织的江苏几个高校乡村建筑调研的团队对省内十几个历史名村开展一次问卷调查的计划。几个月过去，各校师生不仅完成了问卷调查，而且一本《现代化进程中的传统村落——2023江苏历史文化名村调查》的书稿已经呈现在我眼前，回想几十年前龚恺老师带队对皖南一个个古村落调查的情景，深感他几十年如一日专注于乡村遗产的保护研究，如今已经渐入佳境了。

几年前，龚恺老师和他的东南大学的研究团队加盟由浙江省古建筑设计研究院牵头、国内若干重量级科研团队参加的一项科学技术部的面向全国的乡村遗产保护的适宜性技术研究的国家课题，该课题从宏观的价值思辨到微观的建筑与设施更新，全面而深刻分析和探讨了改革开放后尤其是传统村落保护运动全面开展后我国乡村遗产保护的经验，无疑是对南北各参加单位科研成果的一次全面交流和总结，一如龚恺老师所说，该课题的部分成果实际上也在本书稿上有所反映，更重要的是该课题几年中的多次思想交流和碰撞的学术思辨成果必然对本书的写作也产生了影响。从龚恺老师写的卷首语中也可以看到那种多年耕耘如今水到渠成的从容和学者式的冷静而开阔的视野。

但本书则是专注于江苏的村落遗产的讨论，与国内其他地区尤其是和中西部地区相比，江苏村落遗产有着以下一些特点，一方面在江苏的各类聚落遗产中，名城和名镇数量都位列全国前列，但名村数量却不多，这是因为近代的江苏是中国社会转型的先发之地，尤其是在江南的乡村，工商业、手工业以至工业早就深入水乡的各个角落，即使如今被冠以名村称号的若干村落，若干年前还是镇的建制；另一方面苏北的黄泛区和里下河流域在中华人民共和国成立前一直是洪水泛滥之地，乡村里连地主的宅邸也常常不过是草顶泥房，在中华人民共和国成立后洪灾获得根治，这些低档的农房很快迭代更新，大量的老的村寨消失在新农村的海洋中。江苏村落遗产的第二个特点就是它们的命运和江苏的高速城镇化的进程紧密相关，这个进程远可以上溯到明清两代精耕细作型农业在江南的发展，近则和改

江苏省乡村规划建设研究会
乡村历史文化保护利用专业委员会
学术顾问
国务院特殊津贴专家
江苏省设计大师
东南大学建筑学院教授

革开放后乡镇企业的发展及江苏城镇化速度急剧提升相关联，和长三角经济一体化的发展相关联，本书稿也已提到，今日的江苏乡村，大量青壮年已经没有了从事农业的经历，他们即使住在乡镇地区，但其衣食住行的生活方式和城市居民的差别已经不那么明显不同了。江苏村落遗产的第三个特点就是在政府有计划的自上而下的管理中，既呈现了各地乡村都出现的空壳化、老龄化特点的同时，也呈现了和附近的城市距离近，设施的现代化和高度信息化的明显特点，交通、生活、教育、医疗融入现代生活的条件较为优越。这使得他们在未来长三角的经济一体化发展中具备了补充和完善城市生活的更多的可能性。江苏乡村聚落遗产的第四个特点是历史文化名村和传统村落的重叠，往往是核心的自然村是历史文化名村而整个行政村则是传统村落，这使得不仅保护的重点突出也使得发展与规划未来和名村及其环境紧密联系起来。由于这些特点，保护和传承江苏的乡村遗产不仅具有研究近代社会变迁的样本意义，也具备探讨中国式现代化进程中构建新型的有中国特色的乡村的"根"文化特征并让这种文化在现代社会传承发展的样本意义。

虽然本书的调查已经涉及许多深刻的值得思考的问题，但本书的写作却保持着尽量客观的研究式的态度，连书稿的标题都很低调——"2023江苏历史文化名村调查"。不那么诗意，不那么慷慨激昂，但书稿呈现了冷峻的解剖，诉说真相。书稿关注当下、关注村落的当代命运，也关注村民们的愿景，这都是和以往单纯关注物质遗存的保护有着很大的不同。书稿标题直接用了"现代化进程中的传统村落"，显示了作者的历史观和发展观。书稿将调查问卷成果转化为图表，还加了专家评点的部分，并将"传承"这一新的历史命题拎出来讨论，这无疑是及时的和十分重要的。

乡村问题或更全面地说"三农"问题，说到底是社会问题，是生活在乡村中的各类人的发展问题，本书稿已经注意到这一点，但是这一问题如何放到长三角的经济一体化和放到中国特色的现代化进程中考虑，目前的工作才仅仅是开始，我们期待有更多的研究投入其中，期待江苏省的乡村遗产的保护和建设发展为大家提供更多的启示。

目录

序言

保护·传承·活化——江苏历史文化名村与传统村落二十载历程…………001

图解篇

时序分布…………011
乡村政策与法规进程…………012
区划隶属…………015
建村历史与宗族文化…………017
人口变迁与户数规模…………019
保护范围与空间结构…………021
重点建筑…………023
非物质文化遗产…………024
活化利用…………027
经费投入与村级经济…………028

村落篇

01 陆巷…………031
02 明月湾…………039
03 礼社…………047
04 杨湾…………055
05 东村…………063
06 焦溪…………071
07 三山…………079
08 漆桥…………087
09 余西…………095

10 杨柳	103
11 杨桥	111
12 沙涨	119
13 九里	127
14 华山	135
15 柳茹	143
16 严家桥	151
17 葛村	153
18 儒里	155

实录篇　江苏传统村落工作营：2023 江苏历史文化名村调查

启动仪式	158
高校调查	159
中期交流	160
终期答辩	162
师生感悟	165

附录：传统村落基础设施管线植入和基本生活设施改造提升技术指南

总　则	168
基础设施	169
公共建筑	173
传统民居	177

参考文献

后记

保护·传承·活化
——江苏历史文化名村与传统村落二十载历程

龚 恺

江苏省乡村规划建设研究会
乡村历史文化保护利用专业委员会
主任委员
东南大学建筑学院教授

放眼世界，现代化进程中乡村总是弱势的一方。从表面的聚落形态上城镇化率越来越高，更深层次则是从传统文化向现代文化生活的转变。在过去的一段时间中，乡村建设中大致呈现出拆建、保留和改造三种可能，总结其经验，或许能为未来的乡村振兴之路以些许启示，这也是本次江苏省乡村规划建设研究会立项《江苏传统村落溯源研究》的初衷。

我国从2003年10月公布第一批"中国历史文化名镇名村"，这项由住房和城乡建设部和国家文物局共同组织评选的活动，目前已公布了七批。2012年底，住房和城乡建设部、文化部、国家文物局、财政部联合启动了中国传统村落的评选。2015年又扩大到住房和城乡建设部、文化部、国家文物局、财政部、国土资源部、农业部、国家旅游局等七部门联合挂牌保护传统村落。2022年由住房和城乡建设部、财政部公布传统村落集中连片保护利用示范区县的评选。在实践历程中，大致可以分作三个阶段，前十年较多地采用博物馆式的"静态保护"理念，后十年则是"活态传承"的保护利用理念，从2020年开始，"集中连片"的理念被更多地提及。

因此在样本选择上，本次工作选取了江苏省所有被评上的12个国家级历史文化名村+6个省级历史文化名村共计18个村庄进行。这批村落在评为名村后不久，陆续被公布为"中国传统村落""江苏省传统村落"，部分还有着省部级"生态村""人居环境示范村""特色田园乡村""文明村"等多种称号，毫不夸张地说它们是江苏传统村落中的"三好生标兵"。从这些样本村身上，可以反映出村庄保护利用各个阶段的经验。调查工作由乡村历史文化保护利用专业委员会组织2023江苏传统村落工作营，邀请八所高校的师生参与其中共同完成。

21世纪始，我国越来越重视"三农"问题，2004年底党的十六届五中全会提出建设"社会主义新农村"，提出"工业反哺农业、城市支持农村"。十八大以来，党中央越来越重视中华优秀传统文化的传承发展和乡村振兴。从习近平总书记强调"保留乡村风貌，留得住青山绿水，记得住乡愁"的"两山理论"，对当下传统村落保护发展提出的新要求，意味着传统村落必须实现价值保护、文化传承、生活延续、产业振兴的融合发展，到各省市进行的"千万工程"（2003，浙江）、"中国美丽乡村"（2008，浙江安吉）、"特色田园乡村"（2017，江苏）等。刚刚过去的二十年，是全国从上到下最注重乡村建设的二十年，"乡建"在全国形成了一股热潮。

在重视农村建设的同时，我国的城市化进入快速发展阶段。国家发展改革委公布全国2012年城镇化率达52.57%，而江苏作为经济发达地区，2022年城镇化率远远高于全国水平，达到了73.94%，此次选择样本村所在的南京市、无锡市、苏州市、镇江市城镇化率超过80%，常州市、南通市在70%至80%之间。根据美国城市地理学家纳瑟姆（Ray.M.Northam）提出的"纳瑟姆曲线"，世界城市化发展有着共同的规律（正弦波曲线上升），城市化水平超过70%时出现第二个拐点，经济发展势头再次趋于平缓，基本实现现代化，进入后工业社会。

本次调查集中在最近二十年这个时间段上，就是想探寻样本村在实现现代化进程过程中的典型性。它们具有历史印记深，保护建设有年代感等共同特点，对江苏下一步做好传统村落保护和乡村振兴有着现实的意义。

一、溯源：在保护中见成效，村庄有变化

本次调查中选择的样本村大多数位于江南水网密布地区，这个区域在历史上，从隋唐以降，尤其到了明清时期，都是农业最发达的地区，南宋时候就流传民谚"苏湖熟，天下足"，这里的村落庄星罗棋布，也很富庶。各村的历史都很悠久，有的甚至能追溯到二千多年前的汉朝。

一个值得关注的现象是，几千年来，为什么中国的乡村不需要当时的"统治者"耗费精力去建设，而在步入20世纪以后，却由梁漱溟、张謇、黄炎培等人提出了乡村建设的议题？近代以前的乡村在经济上主导的是自给自足的小农经济体系，在社群上体现为以强有力的宗法血缘关系为纽带的特征，我国乡村长久以来在这两个核心体系的共同作用下形成了稳定、动态的村落经营机制，具有自我完善、自我生长的能力，能为其演变发展提供源源不断的动力和方向。而到了近代，传统的农业经济不再成为主导，尤其是沿袭的社群关系在新观念的冲击下逐步瓦解，这一几千年来建立起来的传统村落经营机制日渐式微。

江苏老乡费孝通先生以自己的家乡苏州市吴江县开弦弓村（也就是本次调查的区域）为研究对象，在1938年完成了他的博士论文《江村经济》，用英国人类学的方法解析当时的样本——"江村"。20世纪40年代，他又发表了一系列著作《乡土中国》《乡土重建》《生育制度》等，目标集中在乡村中人与土地的关系、人与人的关系及家庭中的人际关系，对当时中国社会变迁中的乡村核心体系作了精确的剖析。

改革开放后，江苏的城镇化再次走在了全国的前列。据江苏省政府公布的数据，2022年全省常住人口城镇化率为74.4%，居全国各省（区）第二，如果考虑到省内的地区差异，江南地区的城镇化率应该在全国各省中是最高的。与此同时容易让人忽略的事实是，江苏不仅是一个工业强省，它还是一个农业强省，粮食、蔬菜不光满足本省的需要，还都向外输出。所以，在现代化进程中伴随经济的发展，那些"村落消亡论"的观点在江苏的农村并不成立。

随着经济的提高，有一个比较明显的变化是管理的有效增强，一般的感觉是下到乡镇后，节奏会变慢，但我们这次在样本村中的调查，普遍得到了当地村委会的有力支持：提供数据、安排入户、接受访谈，使得工作能够顺利展开。其中各级政府发挥的作用令人印象深刻，例如：为落实江苏省委省政府"美好城乡建设行动"，在2011—2012年间，省住房和城乡建设厅就组织了一次对全省13个地级市的乡村调查，对江苏各种类型的镇村状况进行了一次全面的梳理，有些选点（共计5个）与本次调查样本重合，让观察村庄的发展有了完整的数据链。

每个样本村在市级管理层面上都做了保护规划，如有其他称号，也有相应的资料留存，像申报中国传统村落时就有村落的文字、图表、图片影像以及CAD地形图，不少村落还在这期间修编了村志、村史，如苏州市从2016年开始每年都对所辖的传统村落作调查统计问卷，这是一个很好的经验。基础资料的完备，使进村调查有了一个扎实的基础。

列入历史文化名村与传统村落名录后，伴随着城镇化快速发展，区域整体的建设力度是大的，在这个背景下，它们发生了什么？这是本次调查研究的目标。

我们发现，依照保护规划的要求，各村较好地遵循三级圈层，即核心保护区范围、建设控制地带范围及外围区的要求进行建设，三级圈层大多是以同心圆的类型组成，但根据地形地貌，也有带型、偏心式等形式。核心保护区范围往往代表了村落的历史，积淀悠久，文化遗存丰富，这部分政府投入较大，对建筑的要求也高，多是维修整改式的建设。建设控制地带范围多是村民现在居住生活的区域，面积要比核心区大上不少，这部分政府难以投入，主要靠政策控制建筑的风貌。村落外围区的建设大多是和筑路、整改水系（江南河道密布地区特色）的基础设施建设相关，经费主要也来源于政府其他部门的投入。这样，村庄的建设就呈现出在投入上"高-低-高"、在管理上"自上而下-自下而上-自上而下"的"夹心饼"混合模式。

在2012年前的十年中，核心保护区内的工作主要是抢修一些濒危的古建筑，从前后照片比对来看，得到来自于国家和省级政府的保护经费后，一批古祠堂、古民居的破败状态得到了很大的改善，加上江苏古建维修队伍的力量较强，管理到位，古建筑修缮基本能保持原来的风貌而没有大的差池。2012年开始的中国传统村落评选，这些村不光增加了另一个称号，还又有了另一笔政府建设的拨款（每个评上中国传统村落的有300余万元），重要的是对经费使用、乡村建设的观念也在悄悄地发生变化。

多年来，我国名村保护的主要负责单位为住房和城乡建设部和国家文物局，这是国家文物局吸取20世纪80年代以来历史文化名城保护的经验，和单独的文物保护单位有差别的是，名城、名镇、名村是有人居住在其中，它不仅要保护，还要使用，要适合生活在其中的人的生产、生活需求，因而联合住房和城乡建设部共同进行。近十年的中国传统村落评选，从开始时的四部委增加到六部委（住房和城乡建设部、文化和旅游部、国家文物局、财政部、自然资源部、农业农村部），住房和城乡建设部和国家文物局仍是重要的主管部门。文物部门从"博物馆式"的静态保护理念逐渐转变为保护利用、保护发展更为全面的活态传承理念。2016年，中国文物保护基金会将浙江松阳确定为全国唯一的"拯救老屋行动"整县推进试点县，探索私人产权低级别不可移动文物的保护、修缮和利用经验。而住房和城乡建设部则将建设实践从抢救性修缮为主转变为传统文化生活与现代多元文化相融合，衍生出新型的文脉传承方式，试图寻找保护与发展之间平衡的最优路径和最佳方式。

另一个隐性的变化是，名村是以自然村为基础的，而传统村落则是以行政村为单位评审，行政村往往包含了多个自然村。所以，2012年后，历史文化名村与传统村落的建设就全方位地在行政村的基础设施建设、环境改造和传统建筑的保护、活化利用等方面进行了。进入村庄，每村都有相应的场所，或室内或室外，来展示村落的历史和故事。部分投入较大的村庄，核心保护区的电线已经下地。村中禁养家禽、家畜，并都建造了新的公共厕所，使得村落的卫生条件有了明显的改观，村落很干净，这是进村调查的第一感觉，村庄正在从传统文明向现代文明的范式转变。

调查问卷大数据显示，绝大部分样本村通过二十年来的正向宣传，村民对本村的自豪感、现状的满意度、外来人对村落的看法、村民委员会所做的工作等方面问题认同度都很高。比较而言，样本村中随意搭建、私自修建的情况很少见，村庄的建设控制地带范围控制得较好，很多都在原来的基础上进行了风貌整治。

随着城市化、工业化、信息化的不断发展，江苏的历史文化名村与传统村落的保护建设形成了基于城市管理经验，自上而下的一套行之有效的行政管理方法。但工作中问题又总是从基层产生的，如何在新的时代背景下建立起符合现代乡村实况的"乡村建设共同体"，上下同心，这是当下的乡村建设面临的挑战。

二、痛点：在实践中求发展，村庄有难处

中国乡村"空心化""老龄化"是一个普遍性的问题，在世界上一些发达国家中也存在类似的情况，甚至有人断言随着城镇化的发展，农村人口减少、村落萧条是一种不可逆的趋势。

村落的人口结构组成最能反映一个村子的真实情况，也与经济发展密不可分。本次对样本村的人口统计原来设想除了总人数、总户数外，还能更细致地调查到不同年龄层级的人数，以及"原乡人""新乡人""返乡人"等不同类型人口的数据。但事与愿违，许多村庄并没有这样的统计，尤其对自然村的人口统计上，并不容易获取完整的数据。从总人数上看，样本村并不是所有的都在下降，也有 1/3 的村子保持增长，其中明月湾村增加了 3.44 倍。

村庄建设中的痛点与现行的一些政策相关。例如《中华人民共和国土地管理法》中明确规定了"一户一宅"的制度，即一户村民只能拥有一处宅基地。实际情况就是：作为荣誉的保护点标识牌许多名村并没有挂出来，一旦建筑挂了牌，农户要么继续留在原处生活，但老宅的使用就会受到许多限制，不能随意加建、改造、增加设施等；要么通过"置换"的方式搬迁到新的宅基地上去生活，同时失去了老宅的产权。前种方式是要保持现状而放弃现代化的生活，除了有怀旧情结的老人外，大多数年轻村民很难接受；后种方式则类似于城市的拆迁，村民搬出后对传统建筑的修缮比较方便，当然搬离的老房子不会被拆，但和原来的住户已无关系。名村中这些挂牌建筑多在以前老村中的核心，"置换"多了就觉得原本热闹的街巷变得空空荡荡，缺少了人气，也就少了一丝乡土味道。搬迁后的村民住进了新区、新村，生活质量有所提高，但传统文化生活却被生生地割裂了。

近年来，我国已经开始探索农村宅基地"三权分置"，将农村宅基地集体所有权、农户资格权、宅基地及农房使用权"三权分置"。考虑到农户中普遍存在着离乡和不离乡两种状况，历史文化名村与传统村落可以在使用权转移上寻求新的方式，解决社会资本难以介入的问题，既保护利用了传统建筑，又传承了乡村生活场景，做到"留屋也留人"。

"博物馆式"保护理念下对传统建筑（物质空间）重视的现象比较常见，会按传统风貌建筑统一村里建筑外观，新建建筑也遵循古建的手法等。却对村民（人）日常在村里的活动缺少关注，例如，每个样本村或多或少都有特色鲜明的"非遗"项目，但现在的"非遗"更多像是节日里的表演，而没有渗透到村民的日常生活里去。重保护、轻利用造成的后果是，传统建筑中尤其是民居的修缮有相当难度，如果产权收归村集体，修缮后能真正发挥作用的不多，改造后的业态呈单一性、同质化。

这样的状况很大程度上是村民的参与度低造成的。"自上而下"建设模式在江苏的历史文化名村与传统村落中占了主导地位。在具体项目中我们常常看到规划优先、设计先行，政府主管部门和设计师常常以决策者身份出现，建设的经费更多的是依靠上级政府的财政拨款和专项贷款，村民多样的集体建设和 NPO（非营利组织）、NGO（非政府组织）的介入很少，像日本、中国台湾地区的"社区营造"中设计师以"协作者""引导者""探索者"甚至是"学习者"的身份参加乡村建设还很少见。乡村建设不应该是外来人赠与当地人的一件"礼品"，而是当地人自身觉得需要并引以为自豪的建设。因此，乡村建设"自下而上"的模式也需要同时建立起来。就像美国 Mockbee 乡村工作室创立者提到的那样："更关注建筑所能产生的良好社会效应，而不仅仅是建筑师自己良好的愿景。"

江南乡村在现代化发展变化中，城乡之间的界限已不再像传统的农村和城市那么明显。村中有很多村民已不再以务农为生，20世纪90年代后出生在农村的青年有许多则完全不懂农活。那么，乡村建设除了规划设计建筑外，更多地要面临产业转型和基础设施植入等新的话题。同时，现代网络生活方式、人口流动也更加模糊了城乡区别。日本建筑师曾在乡村保全工作中将村庄目标定在三种类型：旅游型、新型产业型和居住型，真正能作为旅游型的乡村其实并不多，历史文化名村与传统村落的文旅资源较一般村落丰富得多，一些外来资本入驻开发也是看上了这一点，但乡村旅游真正做起来的却十分有限，大量的文旅开发这种做法其实可以商榷。

三、展望：在活化中思创新，村庄有未来

二十年来，除了历史文化名村、传统村落，各色新型乡村模式如雨后春笋般地在全国建设起来，一些市场资本也参与进来，它们以城市运作的方式，导致乡村建设时间短、速度快，难以保证乡村建设的品质和对村落特色的挖掘。建筑师为乡村所构画出的一时的畅想能否满足村庄的长期发展所需？为解决当下的诸多问题而开展的乡村设计实践能否为未来的需求提供潜在的可能性？大兴土木之下的村落在塑造出一幅美丽的愿景之后，其未来又在何方？

中共中央、国务院印发《乡村振兴战略规划（2018—2022年）》中提出，"充分认识乡村振兴任务的长期性、艰巨性，保持历史耐心，避免超越发展阶段，统筹谋划，典型带动，有序推进，不搞齐步走"，这一要旨点明了乡村建设任务的艰巨性和复杂性，所需的是长期的筹划与渐进式的发展，同时也传达出乡村建设长期经营意识的必要性。

乡村风貌的打造需要的不是一时的建设而是长期经营。依靠政府的投入、外来的开发，只能解决一时的问题，一旦断供，动力何在。而加强村民参与乡村建设的意识和信心，消弭各种人群的隔离感，增强地域文化的认同和传承，才是长久之策。一位接受访谈的台北社区规划师说的话很有意思：你做再好他都会骂，……和民众一起做。他自己参与，滋味就不一样，也就没有人骂了。日本的"造町运动"在经过多年的发展之后，已成功推行了一系列政策，形成了由本地村民、志工协会、专业团队和政府机构为动力的多元参与机制，村民合作参加修建。乡村建设的长期经营同时也需要设计师的长期陪伴、持续深耕，这和当下江苏提倡的"万师下乡、万村和美"是完全吻合的。

21世纪最早在我国港澳台地区提出的历史建筑"活化"策略，现在在乡村保护利用中也被广泛地接受。这种"活化"并非局限于对物质空间的"更新"，而更强调运用传承特色的设计，营造历史文化特色，从而在旧空间中注入新活力。"活化"设计是在强调对传统

建筑保护的同时，更赋予它新的文化价值和使用功能，使得旧建筑、空间场所能融入现代生活。这对痛点中提到的历史文化名村与传统村落保护中"物""人"分离、重"物"轻"人"的状况是有启发意义的。

历史文化名村作为传统村落中的样板并不是孤立存在，它可以带动整个区域的发展。目前历史文化名村与传统村落大部分的管理还是在镇村一级，但镇村的资源相对有限，尤其对更为长远的发展利用需要扩大到区县，从更高一级层次上通盘考虑，腾挪的空间才会更大、更有前途。本次工作营的中期和终期交流汇报期间，分别组织了两次圆桌论坛，讨论苏州吴中区传统村落的集中连片保护，使得参加工作营的师生对传统村落未来集中连片的保护利用有了更多的了解。关注县（区）域视角下的历史文化名村、传统村落和一般村落的统筹保护利用，建立历史文化名村、传统村落、特色田园乡村、新型农村社区和普通村庄的地域空间结构模型，探索以历史文化名村为首的传统村落融合发展的可持续之路。

另外，本书的最后以"附录"的形式集中展示了东南大学科研团队在参加国家重点研发计划《传统村落保护适宜性技术和活态利用策略研究》中的"基于传统村落整体风貌保护的现代设施植入技术研究"课题的部分成果，这项工作是探讨传统村落基础设施管线植入和基本生活设施改造提升的技术。村落的现代设施体系主要指现代化的生活方式下的乡村设施，包括基础工程设施系统：给水排水、能源、通信、道路交通、综合防灾、环境卫生等六类和现代的乡村生活设施，包括村内公共活动设施以及以厨卫、空调为代表的户内生活设施。即在现代化背景下，从技术层面上那些设施可以植入传统村落，使村民生活水平得到提高，更有幸福感，但又不破坏传统村落的风貌。为了更有针对性，大部分图片都采用了江苏的案例，这也是将科研成果转化成传统村落建设的一次尝试。

基础设施在传统村落的正常运行中发挥重要作用，传统村落中有不少优秀的传统基础设施有待挖掘与整理，同时又面临现代基础设施管线的植入。基于对传统村落整体风貌的保护，相关管线植入的关键技术与实践应用手段需要研究，探索村落之间对于水、电、道路等基础设施的合用与共享模式，追求基础设施利用效率最大化与生态效益最优化目标。

例如：日本的世界文化遗产白川乡合掌村，对村中草木构筑的合掌造民居，精心设计了消火栓，它既隐蔽又能保证喷水时达到屋脊的最高处和房屋的每个角落，同时很好地和景观结合起来，形成了一年一度的"放水节"，每年的消防排演，如花朵盛开的水雾在阳光下形成一道彩虹。这是基础设施和传统村落结合的有益典例。在研究中也提出，传统村落没有必要都做"三线"下地的工程，电线杆也是一种乡村景观。

探索乡村现代生活设施改造的技术实现路径上，建立适宜舒适的技术模式。在满足乡村现代设施的综合治理目标中，这是最为重要的精细化开发环节。这不仅是为了满足设施植入的功能需要，也是通过设计实现更符合保护传统村落整体风貌的目标。

结语

2021年，中共中央办公厅、国务院办公厅在《关于在城乡建设中加强历史文化保护传承的意见》强调"保护、利用、传承好历史文化遗产""把保护放在第一位""构建城乡历史文化保护传承体系"，建立了本次江苏传统村落溯源工作的大基调。

习近平总书记强调，"要了解实际，就要掌握调查研究这个基本功"。样本村在现代化进程中，传统和现代往往是交织的。传统是想要扔也扔不掉的东西，现代则意味着变化，有着"改造自己、改造世界"的冲动。对传统村落的研究不仅是看到村落外观，只有走进村里，和村民交谈，才能在心底里感觉到那份细腻的感情，这也是本次工作强调的研究方法。

图解篇

样本村很复杂，许多因素交织在一起，同时积累的资料也很多，如何从纷繁的资料中发掘有意义的信息，本次调查又在原有的信息上增加了新的内容，如何用简洁而有趣的方式体现出江苏历史文化名村与传统村落的整体信息，从而对下一步的工作有所启发，这就是本篇用图表（Diagram）所做的尝试。

研读党和政府对于乡村的政策文件，研读村史、村志，翻阅不同规划设计单位针对各村情况所作的保护规划，还有，对建筑学专业来说更为重要的是各类图纸，对于本研究来说真算是"巨人的肩膀"，一个很好的前期工作基础。

基于搜索到的数据和现场调查获取的数据形成了大数据，基于这些内容的再分类统计形成了一个基本的数据库（包含基本信息、政策汇总、人口信息、经济统计、物质文化遗存、"非遗"传承、活化利用等），数据是枯燥的、纷杂的，采用图表的方式可以使这些数据清晰起来，一些看似无关的数据也就产生了联系。

例如，历史文化名村和传统村落究竟存在着怎样的关系，是各自独立、包容，还是发展延续；这些村子在历史上原来是村还是镇，务农还是经商，村中的姓氏可能会告诉这个秘密……在"空心村"盛行的当下，是否还有村子逆势而上，人口不减反增等。

如果在时间上叠加多类信息，或是在空间上叠加信息，或是将时间和空间上的信息叠加起来，就形成本篇的成果。在大数据时代，数据的多少、精确让位于数据的清洗、梳理，从而能真正看到未来的趋势。

- 时序分布
- 乡村政策与法规进程
- 区划隶属
- 建村历史与宗族文化
- 人口变迁与户数规模
- 保护范围与空间结构
- 重点建筑
- 非物质文化遗产
- 活化利用
- 经费投入与村级经济

现代化进程中的传统村落
——2023 江苏历史文化名村调查

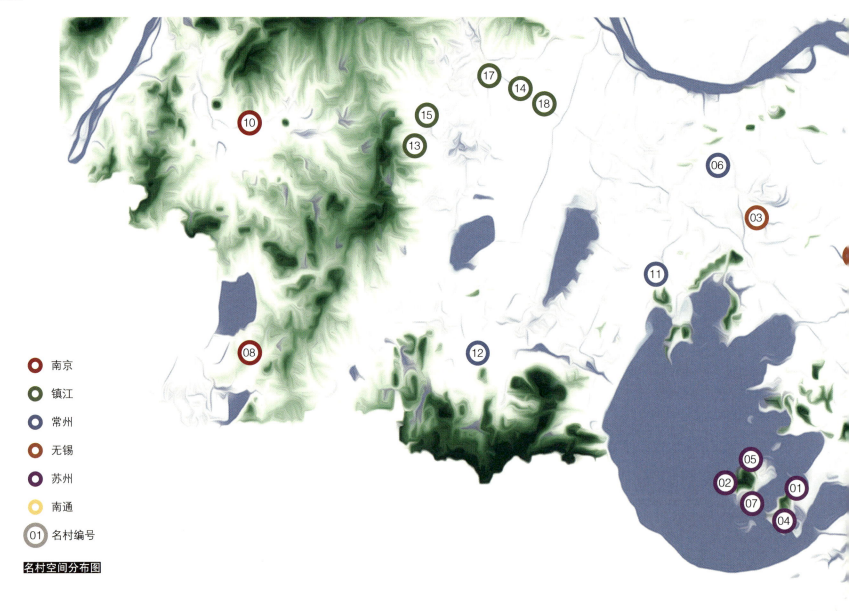

- 南京
- 镇江
- 常州
- 无锡
- 苏州
- 南通
- 01 名村编号

名村空间分布图

名村批次分布图

江苏·中国历史文化名村

01. 苏州市吴中区东山镇陆巷村陆巷
02. 苏州市吴中区金庭镇石公村明月湾
2007.05 第三批

03. 无锡市惠山区玉祁街道礼社村礼社
2010.07 第五批

04. 苏州市吴中区东山镇杨湾村杨湾
05. 苏州市吴中区金庭镇东村村东村
06. 常州市天宁区郑陆镇焦溪村焦溪
07. 苏州市吴中区东山镇三山村
08. 南京市高淳区漆桥街道漆桥村漆桥
09. 南通市通州区二甲镇余西社区余西
10. 南京市江宁区湖熟街道杨柳湖社区杨柳
2014.03 第六批

11. 常州市武进区前黄镇杨桥村杨桥
12. 常州市溧阳市昆仑街道沙涨
2019.01 第七批

江苏省历史文化名村

2006.12 第四批
13. 镇江市丹阳市延陵镇九里村九里
16. 无锡市锡山区羊尖镇严家桥村严家桥

2013.08 第七批
14. 镇江市镇江新区姚桥镇华山村华山

2017.02 第八批
15. 镇江市丹阳市延陵镇柳茹村柳茹
17. 镇江市镇江新区丁岗镇葛村葛村
18. 镇江市镇江新区姚桥镇儒里村儒里

010

图解篇
时序分布

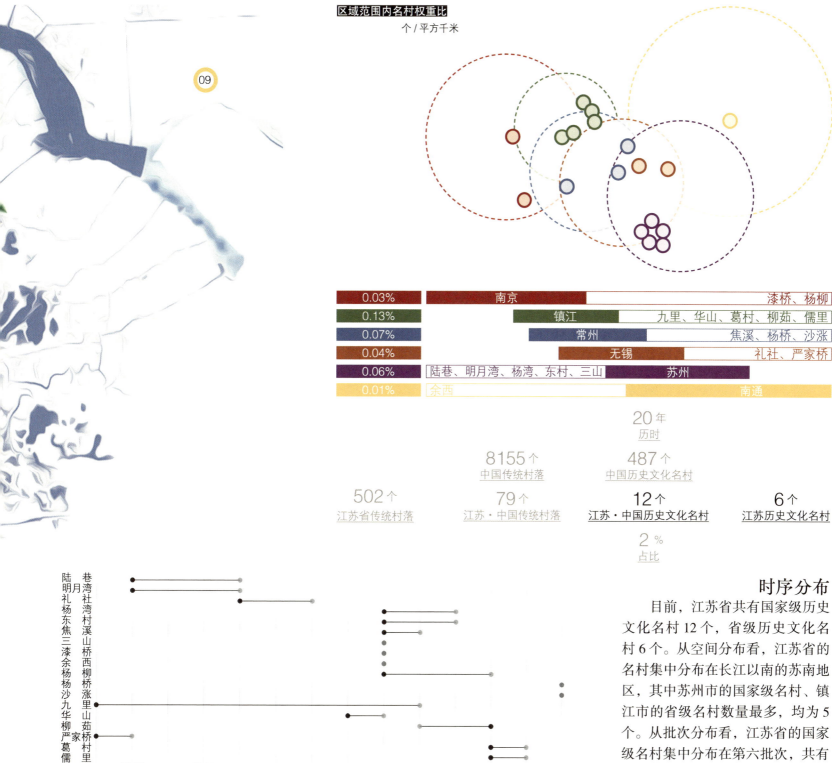

区域范围内名村权重比
个/平方千米

0.03%	南京	漆桥、杨柳
0.13%	镇江	九里、华山、葛村、柳茹、儒里
0.07%	常州	焦溪、杨桥、沙涨
0.04%	无锡	礼社、严家桥
0.06%	陆巷、明月湾、杨湾、东村、三山 苏州	
0.01%	佘西	南通

20年 历时

8155个 中国传统村落

487个 中国历史文化名村

502个 江苏省传统村落

79个 江苏·中国传统村落

12个 江苏·中国历史文化名村

6个 江苏历史文化名村

2% 占比

入选—规划时间跨度图   ● 入选   ● 规划

时序分布

目前，江苏省共有国家级历史文化名村12个，省级历史文化名村6个。从空间分布看，江苏省的名村集中分布在长江以南的苏南地区，其中苏州市的国家级名村、镇江市的省级名村数量最多，均为5个。从批次分布看，江苏省的国家级名村集中分布在第六批次，共有7个村落入选。

（数据来源：各村保护规划）

乡村政策与法规进程

浙江省

● 2003 千万工程
2003年，浙江率先提出并实施"千村示范，万村整治"工程，有效改善农村人居环境，将美丽环境转化美丽经济。

● 2008 中国美丽乡村
2008年，浙江省安吉县正式提出"中国美丽乡村"计划，出台《建设"中国美丽乡村"行动纲要》。

○ 2003 首批中国历史文化名镇名村
建设部、国家文物局

● 2005 第二批中国历史文化名镇名村

● 2006 首批江苏省历史文化名村

● 2007 第三批中国历史文化名镇名村

● 2008 第四批中国历史文化名镇名村

● 2010 第五批中国历史文化名镇名村

● 1995 首批江苏省历史文化名城名镇

● 1982 首批中国历史文化名城
国务院

● 1980 古村落

从文物保护起始 | 从城·转镇·至村

历史文化名城名镇 | 2003 | **历史文化名村**

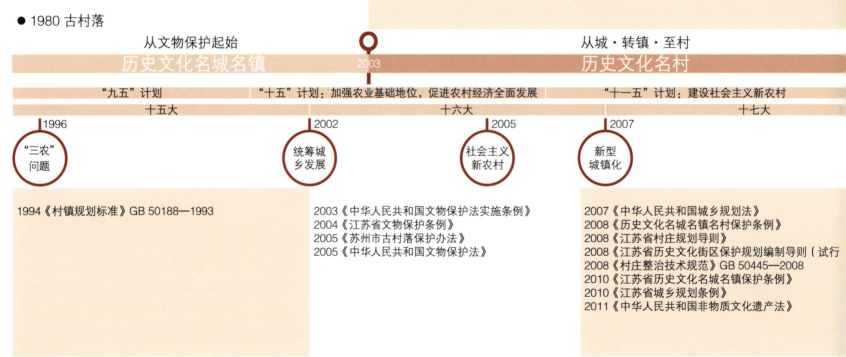

图解篇
乡村政策与法规进程

地方实践

江苏省
- 2017 特色田园乡村
2017 年，江苏省委、省政府提出实施特色田园乡村建设，积极探索乡村振兴的江苏路径。
- 2021 特色田园乡村示范区
2021 年，推动特色田园乡村示范区建设，探索特色田园乡村"串点连线成片"。

集中连片 / 传统村落

○ 2012 首批中国传统村落
住房和城乡建设部、文化部、财政部
- 2013 第二批中国传统村落
- 2014 第三批中国传统村落
- 2016 第四批中国传统村落

- 2017 首批江苏省传统村落

- 2019 第五批中国传统村落
住房和城乡建设部、文化和旅游部、国家文物局、财政部、自然资源部、农业农村部
- 2023 第六批中国传统村落

○ 2020 首批传统村落集中连片保护利用示范市
财政部、住房和城乡建设部
- 2022 首批传统村落集中连片保护利用示范县
- 2023 第二批传统村落集中连片保护利用示范县

历史文化名村

- 2014 第六批中国历史文化名镇名村
- 2019 第七批中国历史文化名镇名村

调整标准·关注传统　　　　　　　　　　　　　　从点到面·集中连片

传统村落　　　　　　　2020　　　**传统村落集中连片保护利用**

"十二五"计划：强农惠农，加快社会主义新农村建设　　"十三五"计划：推进新型城镇化　　"十四五"计划：坚持农业农村优先发展，全面推进乡村振兴

十八大　　　　　　　　　　十九大　　　　　　　　　　二十大

中央政策

- 2013 美丽乡村
- 2015 留住乡愁
- 2017 乡村振兴 / 田园综合体

- 2023 和美乡村

法规条例

2012《历史文化名城名镇名村保护规划编制要求（试行）》
2012《关于开展传统村落调查的通知》
2012《关于加强传统村落保护发展工作的指导意见》
2013《传统村落保护发展规划编制基本要求（试行）》
2013《江苏省非物质文化遗产保护条例》
2014《关于切实加强中国传统村落保护的指导意见》
2014《关于组织开展中国传统村落系列宣传活动的通知》
2014《村庄规划用地分类指南》（建村〔2014〕98 号）
2014《江苏省历史文化名村（保护）规划编制导则》
2015《关于征集中国传统村落数字博物馆设计方案的通知》
2016《中国传统村落警示和退出暂行规定（试行）》

2017《关于做好中国传统村落数字博物馆优秀村落建馆工作的通知》
2017《江苏省传统村落保护办法》
2018《关于开展引导和支持设计下乡工作的通知》
2019《关于加强贫困地区传统村落保护工作的通知》
2020《关于实施中国传统村落挂牌保护工作的通知》
2020《关于组织申报 2020 年传统村落集中连片保护利用示范市的通知》
2021《关于在城乡建设中加强历史文化保护传承的意见》

2023《关于做好传统村落集中连片保护利用示范工作的通知》
2023《第一批传统村落保护利用可复制经验清单公布》

现代化进程中的传统村落
——2023 江苏历史文化名村调查

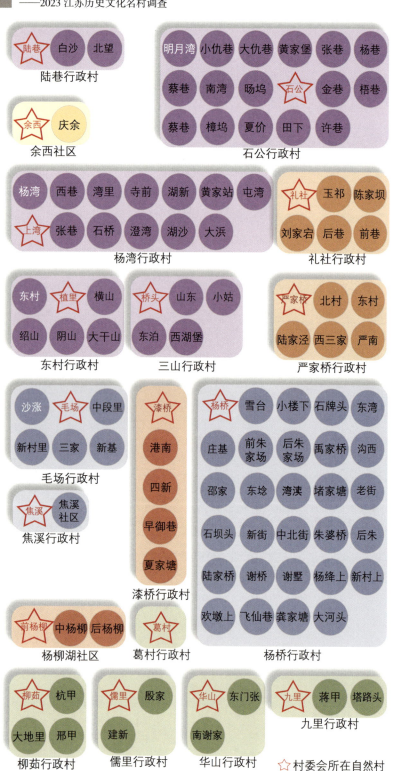

历史文化名村行政区划

014

图解篇
区划隶属

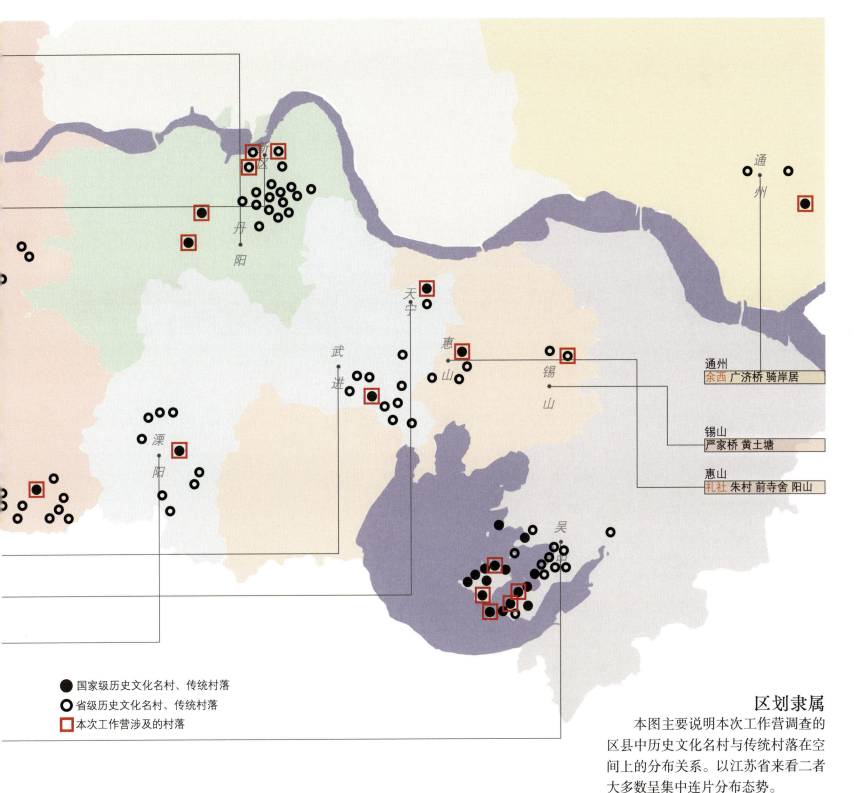

● 国家级历史文化名村、传统村落
○ 省级历史文化名村、传统村落
☐ 本次工作营涉及的村落

历史文化名村及传统村落空间分布态势

区划隶属

本图主要说明本次工作营调查的区县中历史文化名村与传统村落在空间上的分布关系。以江苏省来看二者大多数呈集中连片分布态势。

（数据来源：各村保护规划、各校调查）

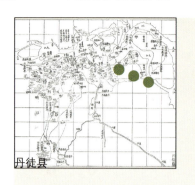
丹徒县

丹阳县

高淳县

上元县

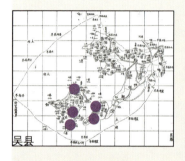
吴县

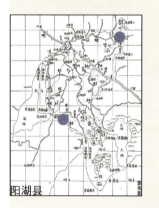
阳湖县

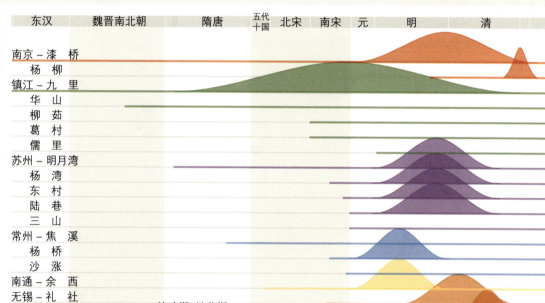

	东汉	魏晋南北朝	隋唐	五代十国	北宋	南宋	元	明	清

南京-漆 桥
杨 柳
镇江-九 里
华 山
柳 茹
葛 村
儒 里
苏州-明月湾
杨 湾
东 村
陆 巷
三 山
常州-焦 溪
杨 桥
沙 涨
南通-余 西
无锡-礼 社
严家桥

始建期 繁荣期

名村始建－繁荣时间图

图源：清光绪二十一年《江苏全省舆图》

溧阳县

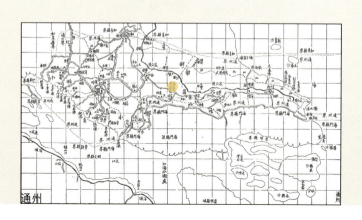
通州

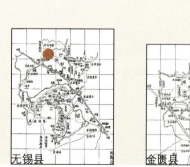
无锡县

金匮县

图解篇
建村历史与宗族文化

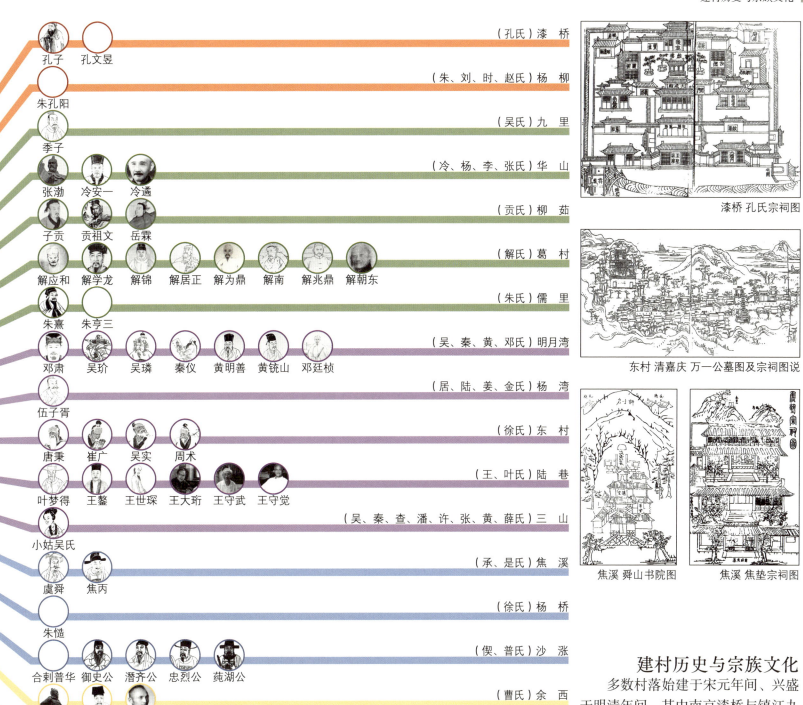

漆桥 孔氏宗祠图

东村 清嘉庆 万一公墓图及宗祠图说

焦溪 舜山书院图　焦溪 焦垫宗祠图

建村历史与宗族文化

多数村落始建于宋元年间、兴盛于明清年间。其中南京漆桥与镇江九里建村较早，均为秦汉年间。

接近半数的村落宗族呈现多姓氏的特征，其中三山村主要姓氏最多，计有8姓。

（数据来源：各村保护规划）

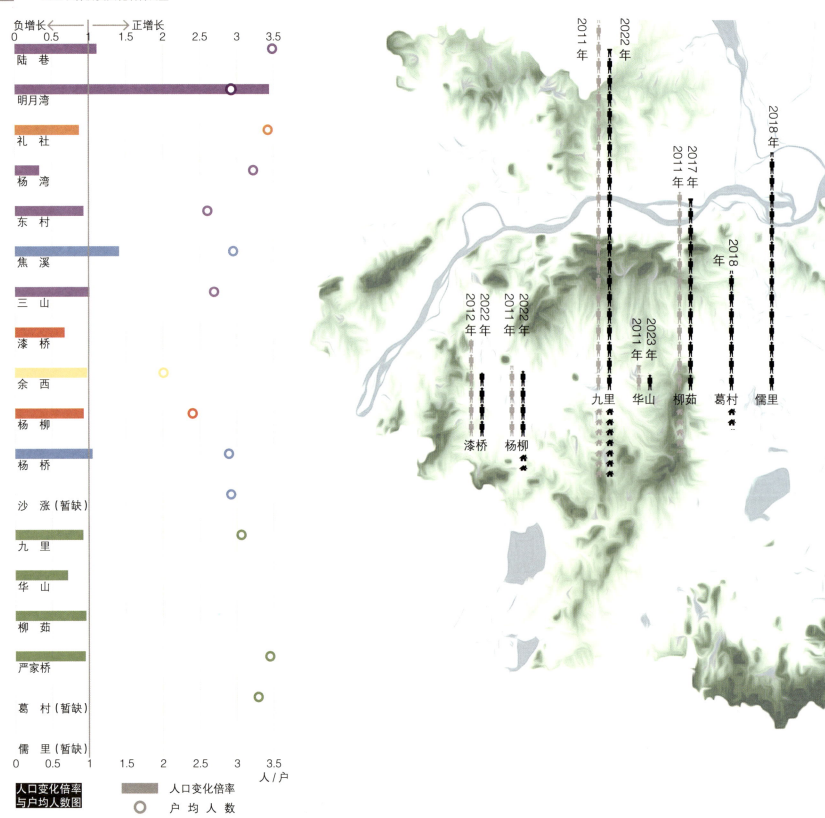

图解篇
人口变迁与户数规模

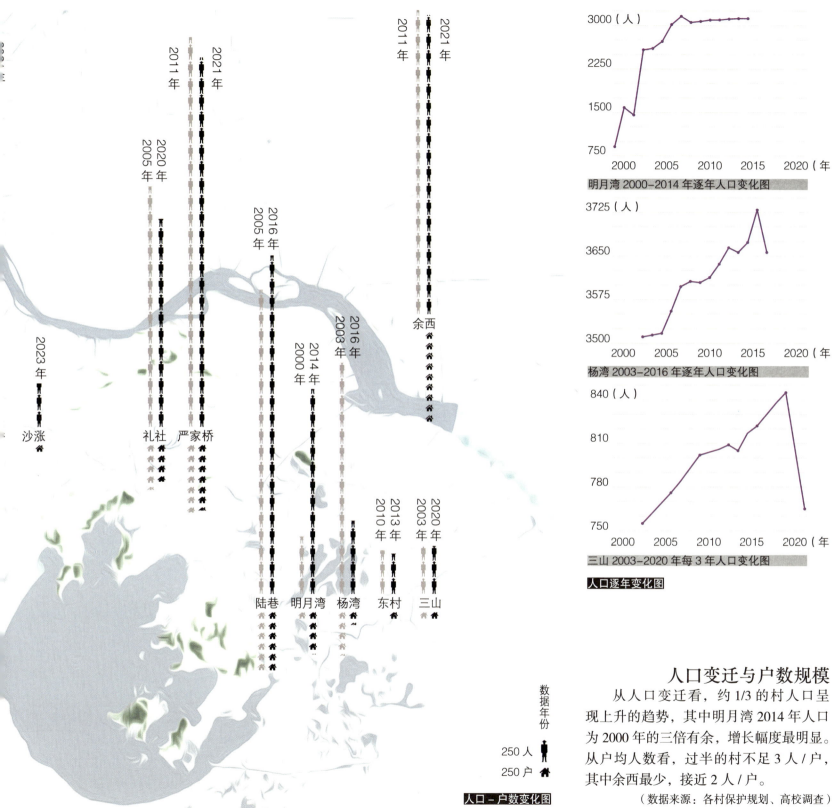

人口变迁与户数规模

从人口变迁看，约 1/3 的村人口呈现上升的趋势，其中明月湾 2014 年人口为 2000 年的三倍有余，增长幅度最明显。从户均人数看，过半的村不足 3 人/户，其中余西最少，接近 2 人/户。

（数据来源：各村保护规划、高校调查）

现代化进程中的传统村落
——2023 江苏历史文化名村调查

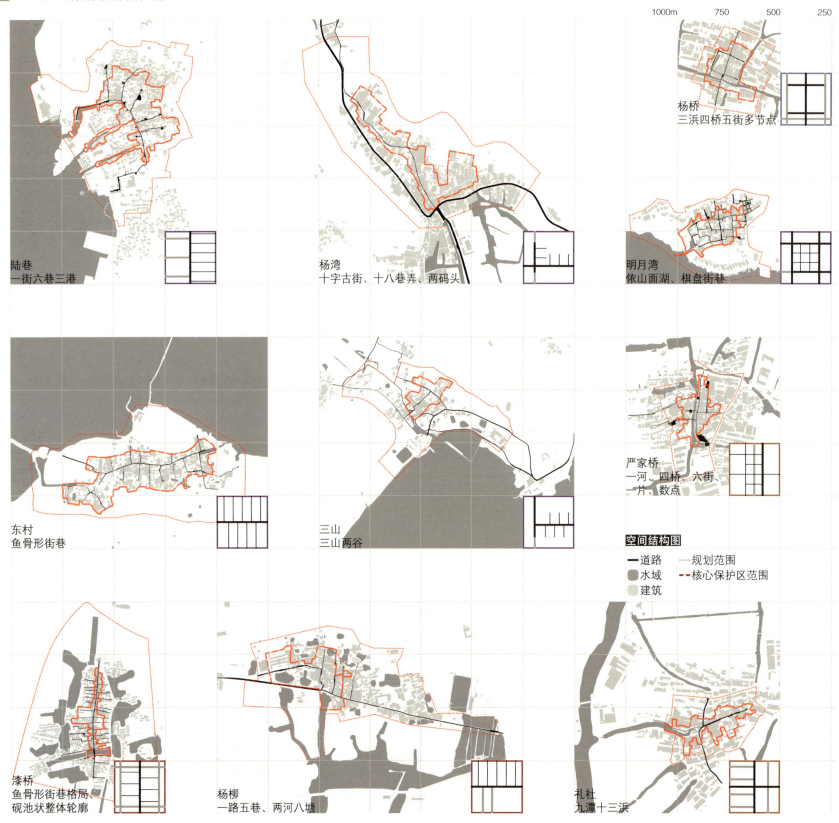

020

图解篇
保护范围与空间结构

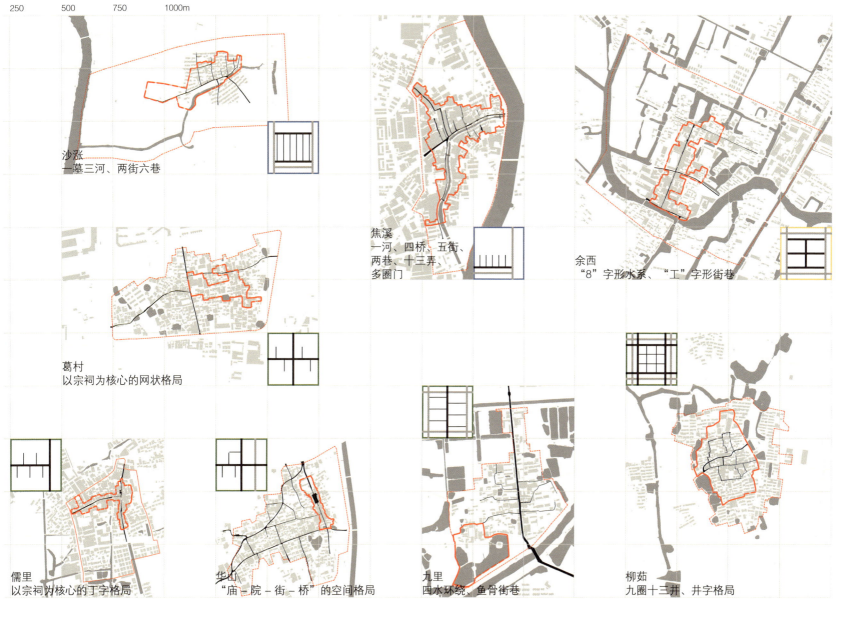

沙涨
一墓三河、两街六巷

焦溪
一河、四桥、五街、两巷、十三弄、多圈门

余西
"8"字形水系、"工"字形街巷

葛村
以宗祠为核心的网状格局

儒里
以宗祠为核心的丁字格局

华山
"庙-院-街-桥"的空间格局

九里
四水环绕、鱼骨街巷

柳茹
九圈十三井、井字格局

规划范围-核心保护区范围图　　=10ha 规划范围　　=10ha 核心保护区范围

保护范围与空间结构

从面积看，保护规划范围大小不等，但核心保护区范围集中在5公顷以内。从路网关系看，鱼骨形结构较多；从水陆关系看，环水特征较为明显。

（数据来源：各村保护规划）

现代化进程中的传统村落
——2023 江苏历史文化名村调查

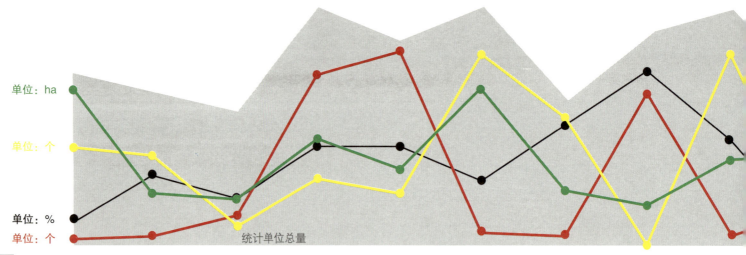

单位：ha
单位：个
单位：%
单位：个

统计单位总量

重点建筑拓扑关系图

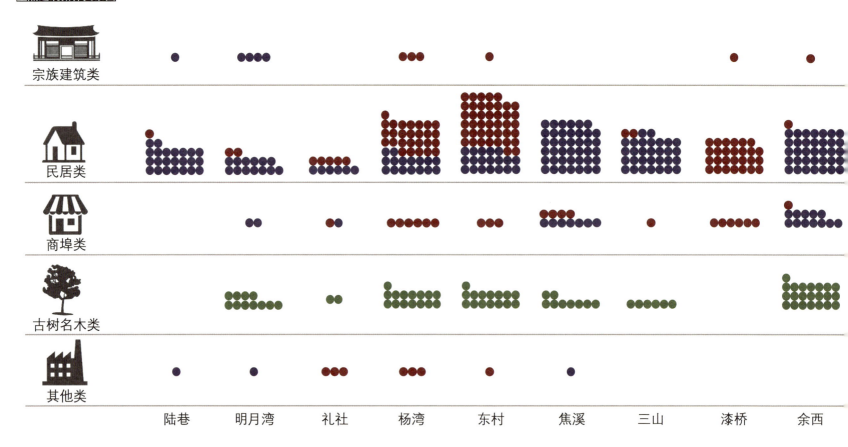

- 国家级文物保护单位
- 其他列入保护名录的单位
- 古树名木

重点建筑类型、等级分布统计图

图解篇
重点建筑

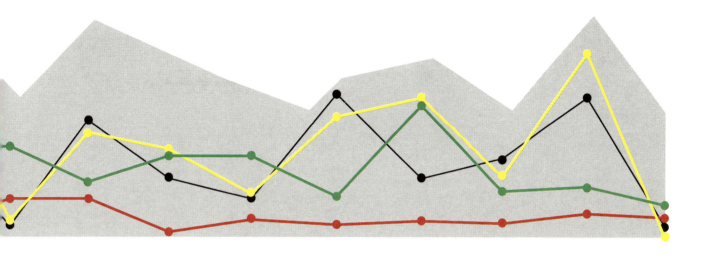

● 保护单位数量
● 挂牌单位数量
● 核心保护区面积
● 历史建筑分布密度

| 杨柳 | 杨桥 | 沙涨 | 九里 | 华山 | 柳茹 | 严家桥 | 葛村 | 儒里 |

重点建筑

本页从总体上表达样本村重点建筑之间的拓扑关系，包含数量、类型、密度等数据的统计与分析。

（数据来源：各村保护规划、各校调查）

非物质文化遗产

总体上看,"非遗"项目除传统医药类型外,均有涵盖。从单个村落看,漆桥、杨柳和杨桥的"非遗"种类最多,均有8种类型;从等级看,陆巷、杨湾、杨桥和九里的"非遗"等级分布最广,均有3种等级;从数量看,杨柳村"非遗"总数最多,共有20项"非遗"。

(数据来源:各村保护规划)

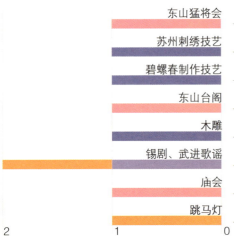

图解篇
非物质文化遗产

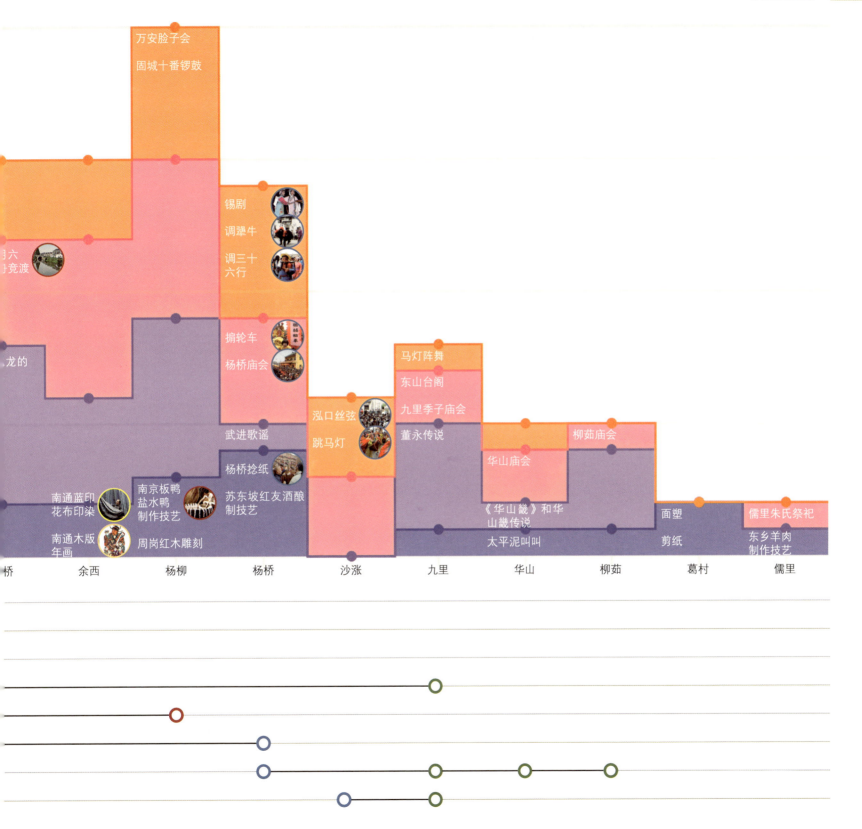

现代化进程中的传统村落
——2023 江苏历史文化名村调查

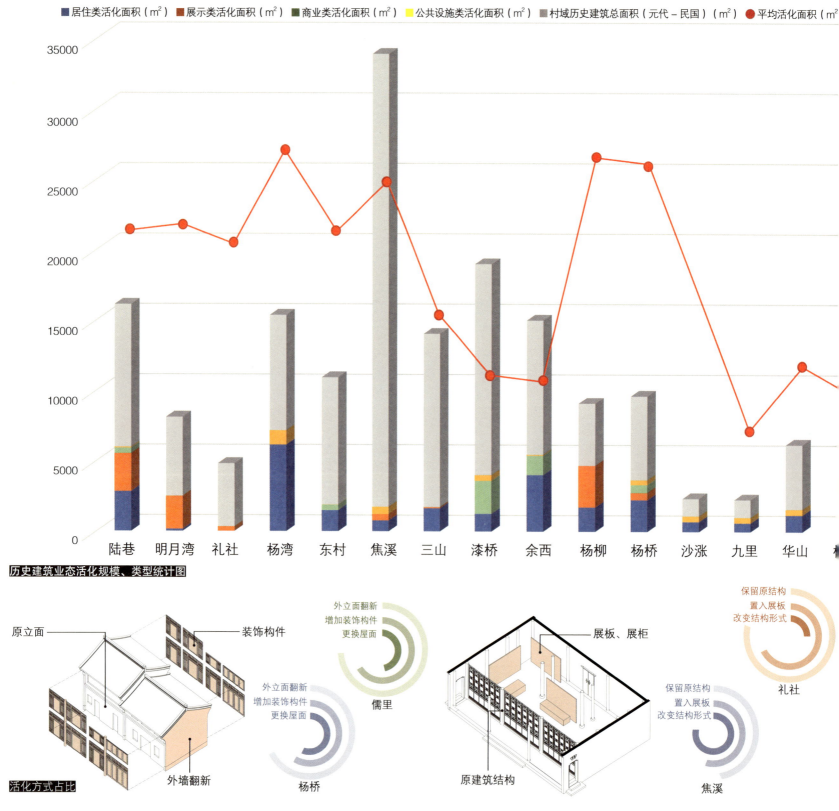

历史建筑业态活化规模、类型统计图

活化方式占比

图解篇
活化利用

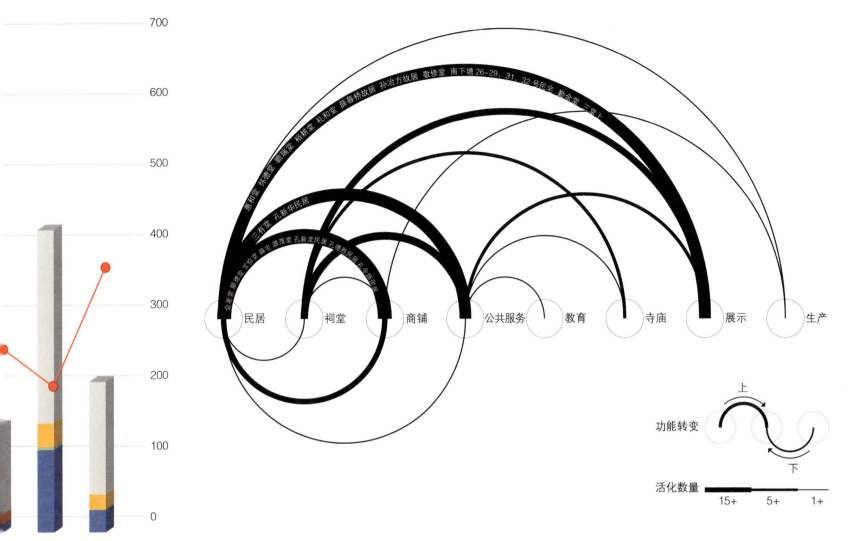

历史建筑功能转化现状分析图

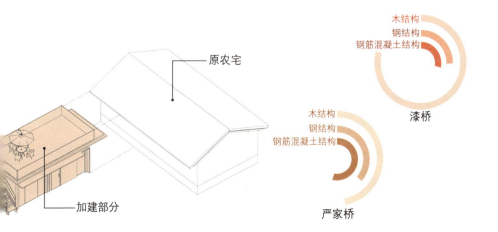

活化利用

从平均活化规模上看，一般情况下的平均活化面积在 500m² 以内。100~300m² 的活化利用占比最多。从活化类型上看，历史建筑中住宅占据多数，且活化利用成本相对较低。从平均活化规模看，一般情况下平均活化面积在 500m² 以内。100~300m² 的活化利用占比最多。

（数据来源：各村保护规划、各校调查）

现代化进程中的传统村落
——2023 江苏历史文化名村调查

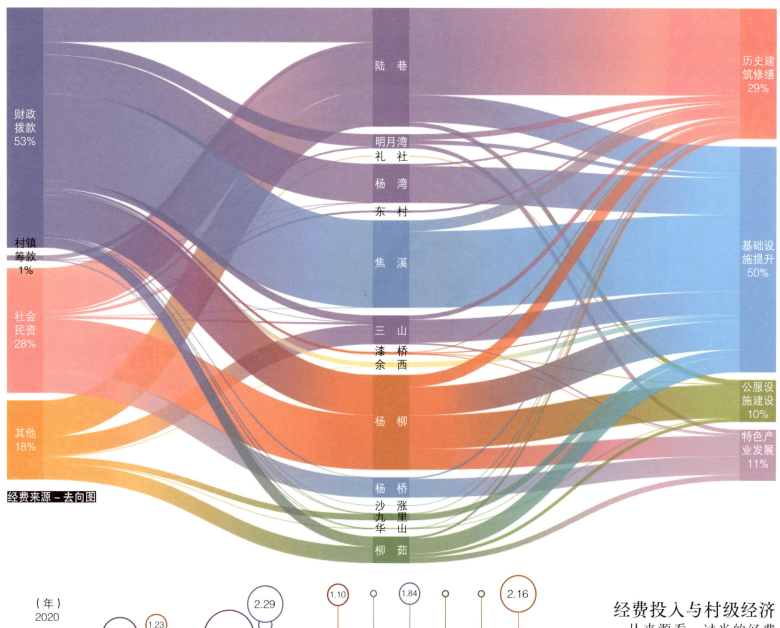

经费来源-去向图

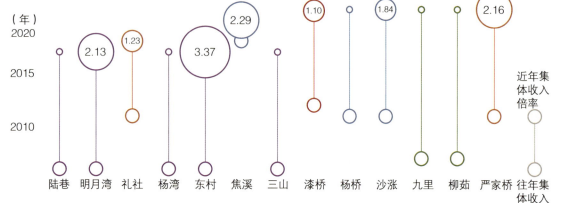

集体收入变化倍率图　（余西、杨柳、华山、葛村、儒里数据暂缺）

经费投入与村级经济

从来源看，过半的经费来自财政拨款；从去向看，基础设施提升是名村主要的支出项目，但均未统计"非遗"传承的支出。

过半村的集体收入呈现增长态势，其中东村增长最多，接近3.5倍。

（数据来源：县级年鉴、高校调查）

村落篇

本篇展示了各校对样本村调查和活化设计的主要成果。

由于相关的历史资料和文字较多，本篇对各村历史资料的整理主要关注近 20 年来所发生的大事，按建设史、保护史、传承史来进行梳理，以图表的形式展示更容易显示这 20 年来所做的工作和发生的事件。村落总图主要是核心保护区范围，在这个区域内，各村的重点建筑也多集中于此，是村子里的精华所在，但调查也扩展到更大的行政村范围。

照片比对是这次工作营的规定动作，各村所做的保护规划中，都有旧时的照片，通过新旧照片比对，可以很直观地看出村子 20 年来的变迁。由于受篇幅限制，许多比对照片都没有能放入书中，但从同角度仔细比对后的照片，呈现出真实影像的力量；问卷的设计是关心村里的人对村落建设的认同感；而对村干部的访谈，则希望能了解到村子的整体情况。同时，也鼓励各校采用多元化的工作方法，以取得多样化的成果。所以，各校有的采用传统的手工测绘，有的用无人机倾斜摄影测量，或是用写实绘画的方式，获得了村落最新的一批资料。在分析研究中，采用"空间句法"，村民、专家、政府等不同的视角，有了新的观察视角，这对以后村落调查是有着重要的启发意义的。

由于参加的都是建筑学的师生，工作营要求在最后的环节：通过对村落的调查、研究，发现存在的问题，然后针对其做出一个较为完整的活化设计，以体现大家对这次调查工作的理解。各村的活化设计方案虽然是概念设计，也不代表编者的观点，但反映出各校师生在本阶段对传统村落保护活化的一种形象理解。

01 陆　巷
02 明月湾
03 礼　社
04 杨　湾
05 东　村
06 焦　溪
07 三　山
08 漆　桥
09 余　西
10 杨　柳
11 杨　桥
12 沙　涨
13 九　里
14 华　山
15 柳　茹
16 严家桥
17 葛　村
18 儒　里

现代化进程中的传统村落
——2023 江苏历史文化名村调查

01 陆 巷

东南大学
建筑学院

指导教师
夏 兵

学生成员
陈力畅　王淑娴
高梦葳　何子俊　王赫筠

　　苏州市吴中区东山镇陆巷村陆巷，位于苏州东山北部，北邻太湖，山水兼备，物产丰饶，村子里有市级文保单位 1 处，优秀传统建筑 25 处，保护与延续反映明清及民国时期浓郁江南水乡的古村风情和风貌。陆巷于 2006 年入选第四批江苏省历史文化名村，2007 年入选第三批中国历史文化名村，2012 年入选首批中国传统村落，2020 年入选首批江苏省传统村落。陆巷依附太湖而生，水域渗入村庄，自宋元以来街巷格局基本未变，以紫石街为中轴线，立有三元牌坊，6 条古巷向东延伸到山坞，3 条港道朝西北流入太湖，可以用"一街六巷三港"来概括。整个村子旅游开发程度较高，从 2000 年开始，通过上级政府拨款、村级筹资和民资参与三条途径，先后修缮了一街、六巷、三座牌坊以及遂高堂等古建筑。村落空间格局在原本基础上扩展到"一街二园三馆五厅堂十一景点三流线"，新增了多个景区兴趣点，整体犹如网络联系整个村落。

　　通过两周的实地调研、问卷分发、实地测绘，我们总结了村子里存在的几点问题。首先，旅游业发展后劲不足，旅游层次非常的单一，着力点集中在古建修缮上面，而配套的休闲服务深度体验跟不上，后劲不足，无法为村子带来除了门票以外的经济效益。其次，没有意识到背山面湖的自然景观潜力缺乏，对于自然景观的开发利用。最后，建筑密度很高，旧式的空间格局已经不能够满足当代的需要，公共活动空间缺失。

　　陆巷古村的困境是许多古村正在面临的困境的缩影。新的功能的置入、新的需求的产生，与之对应的是作为历史文化名村，不能大拆大建，从明清时期就延续下来的高密度民居民宅以及旧式的空间布局，已经不能够满足当代人民的需要。如何既能保护古村落风貌，又可以满足村子内生活的人的切实需要，成为我们的设计难题。我们希望能够提供一个解决方案的模本，用轻质介入的形式，创造性地解决新的空间需要和保留的空间结构之间的矛盾。我们将创作思路分为三部分，第一部分是"山水兼备，人地和谐"，延续古村山水格局，尽可能降低设计的存在感，消除人工的痕迹，实现人地和谐；第二部分为"传承文化，发扬特色"，传承古村既有的民俗文化，打造特色枇杷展销空间；最后是"轻质介入，低成本运营"，这要求整个设计搭建简单，低成本低技术，可以随时根据需要移动、拆除。搭建和拆除过程可以通过两到三位农民轻松完成。

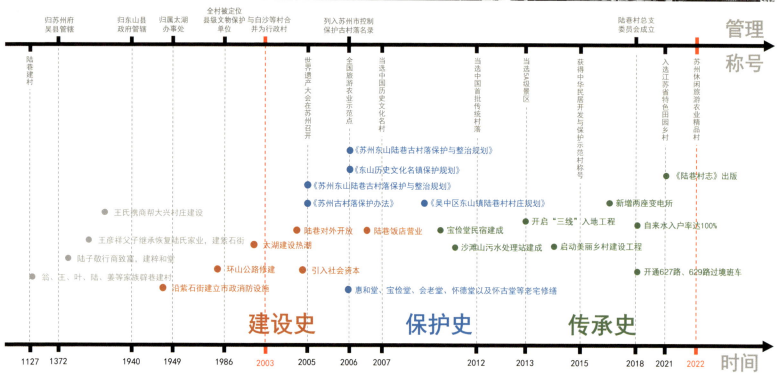

苏州市吴中区东山镇陆巷古村位于苏州东山北部，北邻太湖，山水兼备，物产丰饶，村子里有市级文物保护单位1处，优秀传统建筑25处，保护与延续反映明、清、民国时期浓郁江南水乡的古村风情和风貌。陆巷依附太湖而生，水域渗入村庄，自宋元以来街巷格局基本未变，以紫石街为中轴线，立有三元牌坊，6条古巷向东延伸到山坞，3条港道朝西北流入太湖，可以用"一街六巷三港"来概括。

村落篇
01 陆巷

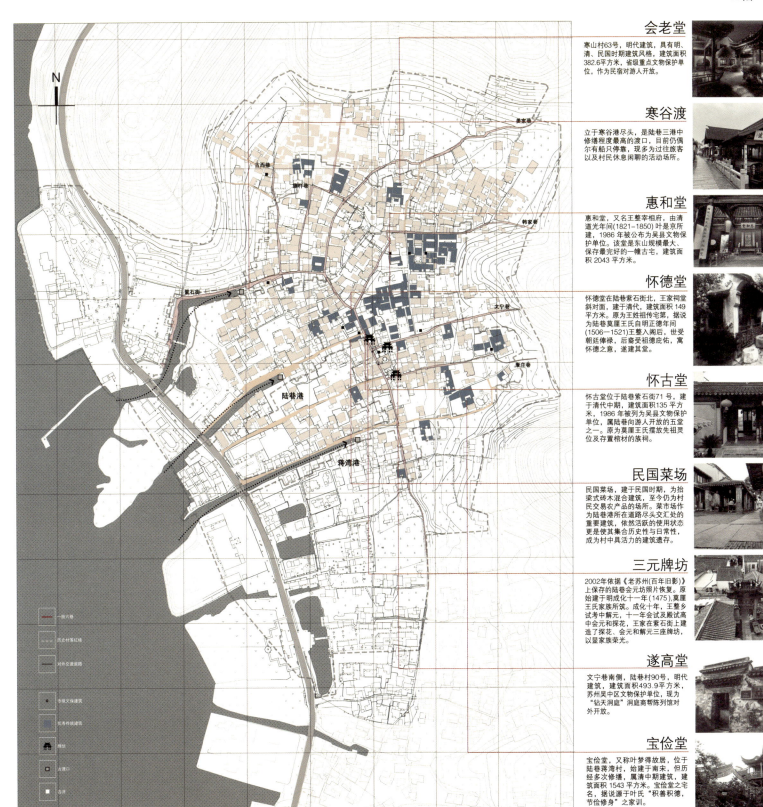

会老堂
寒山村63号,明代建筑,具有明、清、民国时期建筑风格,建筑面积382.6平方米,省级重点文物保护单位,作为民宿对游人开放。

寒谷渡
立于寒谷港尽头,是陆巷三港中修缮程度最高的渡口,目前仍偶尔有船只停靠,现多为过往旅客以及村民休息闲聊的活动场所。

惠和堂
惠和堂,又名王鏊宰相府,由清道光年间(1821—1850)叶是京所建,1986年被公布为吴县文物保护单位。该堂是东山规模最大、保存最完好的一幢古宅,建筑面积2043平方米。

怀德堂
怀德堂在陆巷紫石街北,王家祠堂斜对面,建于清代,建筑面积149平方米。原为王姓祖传宅第,据说为陆巷莫厘王氏自明正德年间(1506—1521)王鏊入阁后,世受朝廷俸禄,后裔受祖德庇佑,寓怀德之意,遂建其堂。

怀古堂
怀古堂位于陆巷紫石街71号,建于清代中期,建筑面积135平方米,1986年被列为吴县文物保护单位,属陆巷向游人开放的五堂之一。原为莫厘王氏摆放先祖灵位及存置棺材的族祠。

民国菜场
民国菜场,建于民国时期,为抬梁式砖木混合建筑,至今仍为村民交易农产品的场所。菜市场作为陆巷港所在道路尽头交汇处的重要建筑,依然活跃的使用状态更是使其集合历史性与日常性,成为村中具活力的建筑遗产。

三元牌坊
2002年依据《老苏州(百年旧影)》上保存的陆巷会元坊照片恢复。原始建于明成化十一年(1475),莫厘王氏家族所筑。成化十年,王鏊乡试考中解元,十一年会试及殿试高中会元和探花,王家在紫石街上建造了探花、会元和解元三座牌坊,以显家族荣光。

遂高堂
文宁巷南侧,陆巷村90号,明代建筑,建筑面积493.9平方米,苏州吴中区文物保护单位,现为"钻天洞庭"洞庭商帮陈列馆对外开放。

宝俭堂
宝俭堂,又称叶梦得故居,位于陆巷蒋湾村,始建于南宋,但历经多次修缮,属清中期建筑,建筑面积1543平方米。宝俭堂之宅名,据说源于叶氏"积善积德,节俭修身"之家训。

街巷整治措施
修缮一街六巷：紫石街、韩家巷；
修缮三座牌坊：会元坊、解元坊、探花坊。

建筑整治措施
维修古民居：遂高堂、惠和堂、宝俭堂等古民居；
维修宗祠：王家祠堂、张家祠堂。

河道整治措施
对核心保护区内陆巷港、寒山港、蒋巷港进行全面疏浚，修理破损驳岸。

桥梁整治措施
新建白沙桥、外婆桥、含山桥、陆巷桥、蒋湾桥、严巷桥、大河桥（原振兴桥）、朱巷桥、北望桥、南望桥 10 座桥梁。

2010 紫石街　紫石街 2023

2010 怀古堂　怀古堂 2023

2010 民国菜场　民国菜场 2023

2010 寒谷渡　寒谷渡 2023

村落篇
01 陆巷

1964 陆巷卫星图

2022 陆巷卫星图

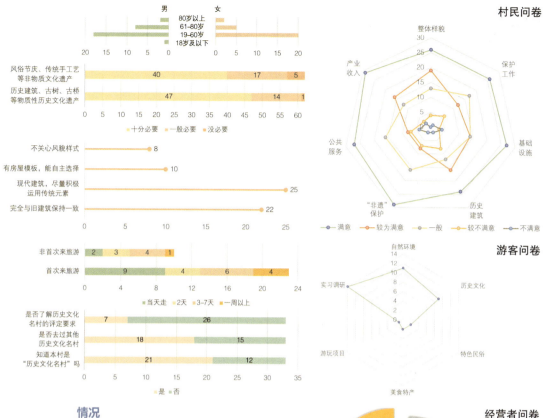

典型保护利用项目	投入资金（万元）	资金来源	目前用途	年份
怀德堂	530	民资参与	—	1989—2005
宝俭堂	5080	民资参与	—	2001—2007
惠和堂	30	区镇筹款	—	2002
	3200	政府拨款	—	2012
会老堂	2070	民资参与	—	2004—2013
遂高堂	710	区镇筹款	—	2013
三元牌坊	37	政府拨款	—	2018
紫石街立面粉刷	2300	政府拨款	居住、交通、景点	2005
明清古道修缮	300	政府拨款	交通	2017—2021
沙岭天隍殿修缮	55	政府拨款	民俗活动	2021

（数据来源：据镇、村领导问卷访谈等不完全统计）

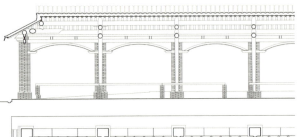
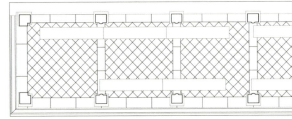

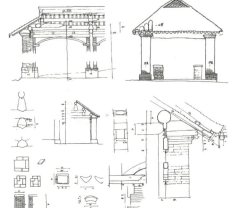
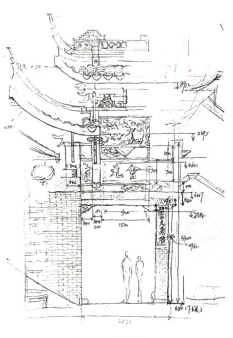
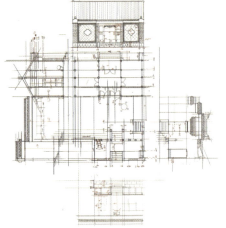

对陆巷核心公共空间的怀古堂大门、三元牌坊和民国菜场进行细致测绘，分别采用了三维扫描、绘制测稿、无人机拍摄、速写等方式。同时对村民、游客、经营者几种不同人群进行随机采访，对负责人进行了专项访谈，帮助同学们全位面了解陆巷古村基本情况。

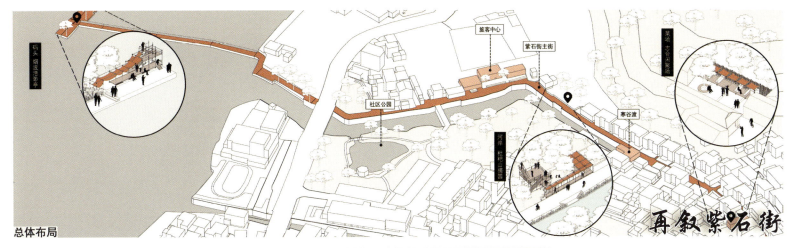
总体布局

再叙紫石街

烟波浩瀚亭人视1

烟波浩瀚亭人视2

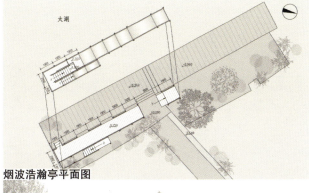
烟波浩瀚亭平面图

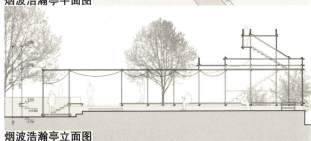
烟波浩瀚亭立面图

烟波浩瀚亭鸟瞰

设计位于苏州市陆巷古村紫石街主街上，设计将主街紫石街的范围延伸到太湖边，将太湖美景的自然景观资源为我所用，在街上选取码头、寒谷渡旁、民国菜场旁三个地点，形成了由湖至山、由自然到人文的"退晕"。然而作为历史文化名村，不能大拆大建，从明清时期就延续下来的高密度的民居民宅、旧式的空间布局已经不能够满足当代人的需要。如何既能保护古村落风貌，又可以满足村子内生活的人的切实需要，成为我们关注的设计难题。在和村民的闲聊当中获得灵感，以村中随处可见枇杷树上的脚手架为原型，采取轻介入、微更新的方式，依照不同场地的不同的优势和特色将构筑物灵活地置入其中，为古村游客打造更多、更沉浸的体验，为古村枇杷等农产品更好地展示给游客提供助力，提高村民的营收。

枇杷山摘园平面图

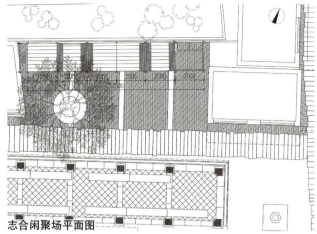
志合闲聚场平面图

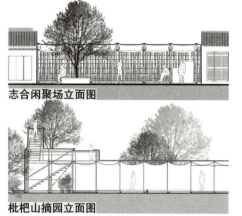
志合闲聚场立面图

枇杷山摘园立面图

专家评语

设计团队对村落的历史文化资源、建筑保护利用情况和主要农作物进行了详尽的调研，同时对特色建筑进行了测绘和建模分析，以紫石街为中心展开了活化设计。在民国菜场旁边，利用当地的竹竿围起了闲置空间，创造了聚会的场所，解决了环境脏乱的问题，并提高了空间利用率；在枇杷林中，延续使用支撑枇杷树的脚手架，建造了观景平台和交易空间。采用轻质临时性设施的设计，避免对传统村落造成破坏，并且空间设计创意感十足。不过，码头上长着几棵高大的树木，与江水漾开的景色构成了宁静的风景。在设计码头凉亭时，沿用脚手架搭建的方式会破坏原有的意境，采用自然的材料可能更加适合。另外，同学们对建筑特色和传统文化进行了深入的研究，如果能够将其应用到空间塑造中，相信效果会更加出色。
（高朝暄　中国建筑设计研究院城镇规划院历史文化保护规划研究所所长助理）

枇杷山摘园鸟瞰

枇杷山摘园人视

志合闲聚场人视1

志合闲聚场人视2

02 明月湾

苏州科技大学
建筑与城市规划学院

指导教师
周 敏　张昊雁

学生成员
吕思悦　刘 倩
金 彪　王崇兆

苏州市吴中区金庭镇石公村明月湾，位于苏州西山岛南部，相传因春秋时期吴王夫差携西施在此赏月而得名。明月湾于2006年入选第四批江苏省历史文化名村，2007年入选第三批中国历史文化名村，2012年入选首批中国传统村落，2020年入选首批江苏省传统村落。从2005年起，明月湾古村的保护整治工作全面开展，至目前已经形成了"政、企、村"共治的多主体治理模式。

通过实地调研、问卷调查、基层座谈，发现明月湾"以租代售，整体开发"模式较为成熟，具有自我造血功能，但在旅游旺季会超出古村承载极限。其次，明月湾的示范作用也未充分发挥，对示范区其他村落的带动作用有限。另外，旅游业给村落带来发展的同时，也侵占了居民生活空间，造成公共活动空间缺失、生活干扰等问题。最后，昂贵的修缮成本和复杂的审批程序导致许多村民难以对破旧住宅进行修缮。

明月湾村虽然已经是发展较好的传统村落，但仍面临着发展困境，其本质仍是发展与保护的矛盾。在发展过程中，既要及时抢救历史信息和文化景观，不断挖掘传统村落的文化、艺术、经济与社会价值，又要思考如何满足生活在其中的村民对乡村高质量发展和高品质生活的需要。如何在明月湾村现有的发展基础上，更加彰显其文化魅力，辐射周边村落的发展，同时提高村民的生活质量，成为我们的设计难题。为此，我们从宏观、中观、微观三个层面提出解决方案，以全年分时令的节事活动贯穿整个设计流程。宏观层面，通过分区、分层策划以及水陆交通实现示范区联动发展；中观层面，在石公村范围内策划异质化的停驻点；微观层面，通过在明月湾古村内部置入可自由拆卸的空间模块应对不同时间段人流涨落带来的需求波动。

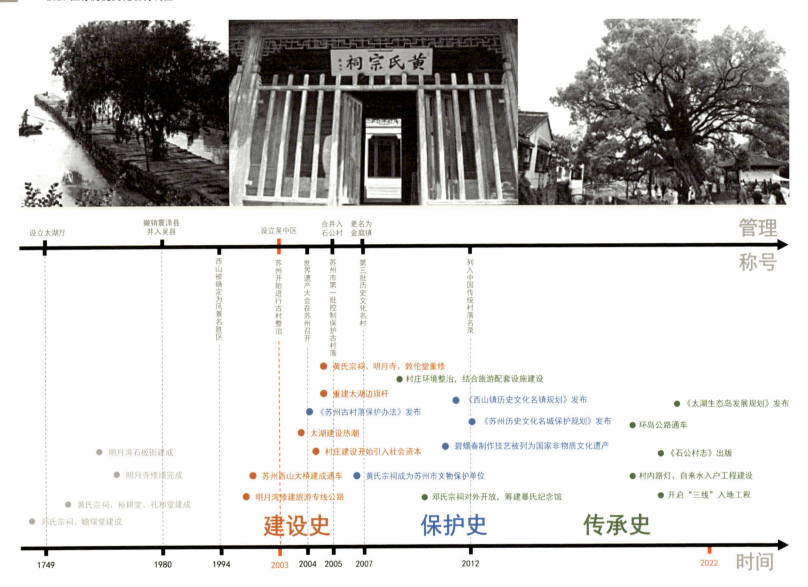

苏州市吴中区金庭镇明月湾古村位于苏州西山岛南端，依山傍湖，三面群山环绕，终年葱绿苍翠，深藏不露，深得桃花源意境。村内遗产丰富，现存4处苏州市文物保护单位、9处苏州市历史建筑、2处古树、2处古井和1处古码头，较好地呈现了江南水乡传统村落的风貌。入村口的南北两条长石板街与贯穿村中心的两条长石板街垂直相交，形成"井"字形，构成棋盘格局，串联起明月湾的家家户户，也形成了明月湾"讲和修睦"的文化氛围。

村落篇
02 明月湾

礼耕堂
吴家大房老宅，建于1769年，2005年被公布为苏州市控制保护建筑。

礼和堂
吴家二房老宅，建于1783年，2005年公布为苏州市控制保护建筑。同年西山镇政府出资修复，2006年对外开放。

敦伦堂
姚家老屋，明代普通农家住宅，典型的江南民居。2006年由西山镇人民政府出资修复。

凝德堂
原秦家老宅，是明月湾所有老宅中唯一保留完整堂匾的厅堂。堂中还保存了较多明式家具。

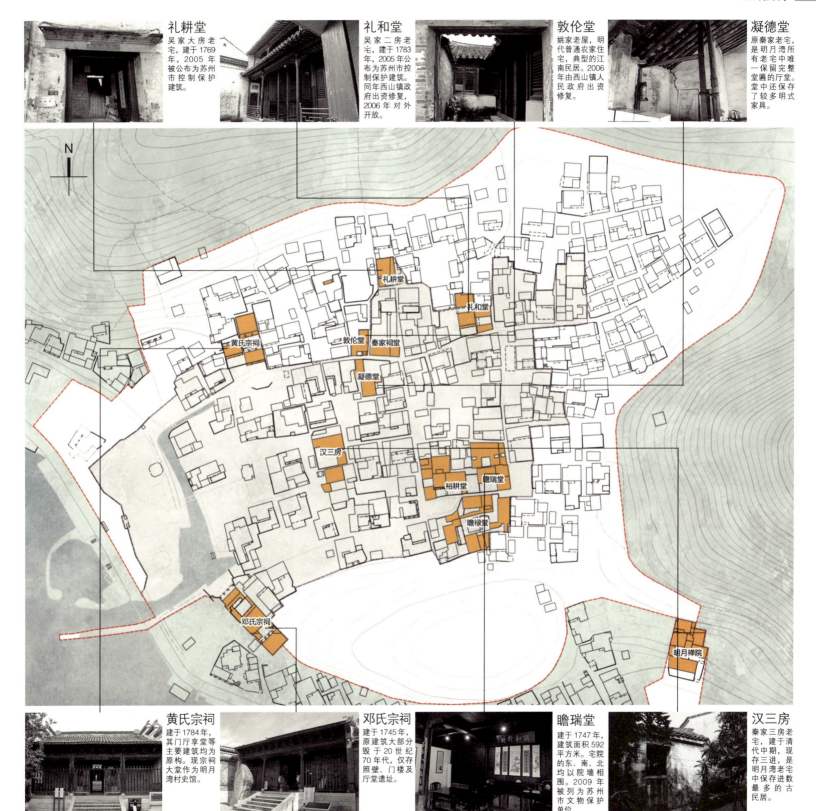

黄氏宗祠
建于1784年，其门厅享堂等主要建筑均为原构。现宗祠大堂作为明月湾村史馆。

邓氏宗祠
建于1745年，原建筑大部分毁于20世纪70年代，仅存照壁、门楼及厅堂遗址。

瞻瑞堂
建于1747年，建筑面积592平方米。宅院的东、南、北均以院墙相围。2009年被列为苏州市文物保护单位。

汉三房
秦家三房老宅，建于清代中期，现存三进，是明月湾老宅中保存进数最多的古民居。

041

街巷整治措施

修缮青石板街：加强对石板街两侧范围内建筑体量、色彩及样式的管控，保护古村落棋盘街巷布局。

建筑整治措施

维修古民居：敦伦堂、礼和堂、瞻瑞堂等古民居；

维修宗祠：黄氏宗祠、邓氏宗祠。

河道整治措施

保护水体，并治理水质，古村污水集中收集，经处理后统一排放。

2002 石板街

石板街 2023

2002 邓氏宗祠

邓氏宗祠 2023

2002 明月桥

明月桥 2023

2002 入口处

入口处 2023

村落篇
02 明月湾

村民问卷

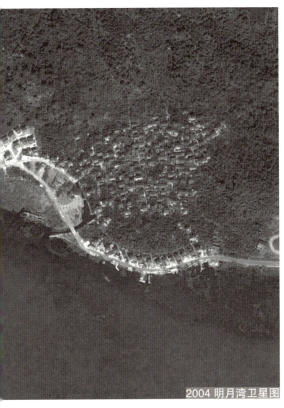

2004 明月湾卫星图

2019 明月湾卫星图

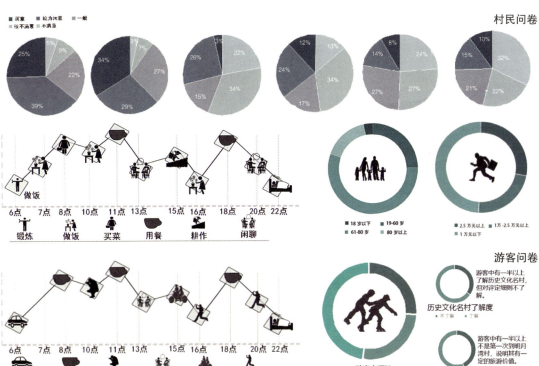

游客问卷

经营者问卷

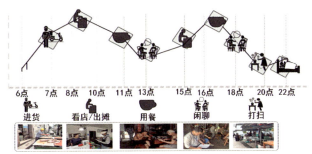

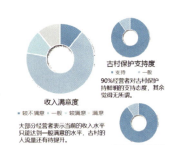

典型保护利用项目	投入资金（万元）	资金来源	目前用途	年份
邓氏宗祠	325	民资参与	暴式昭纪念馆	2005
自来水投入	100	政府拨款	-	2007
"三线"入地	100	政府拨款		2007
石板街整治	100	政府拨款		2007
农家乐立面改造	450	政府拨款		2006—2009
绿化	100	政府拨款		2005—2009
停车场建设	150	政府拨款		2006—2009
旅游配套设施	300	政府拨款	管理用房、交通等	2005—2009
古房布置陈列	700	政府拨款	展示	2006—2009
路灯、自来水建设	188	政府拨款	-	2018

（数据来源：据镇、村领导问卷访谈等不完全统计）

043

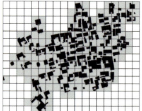
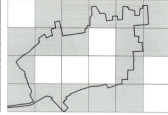

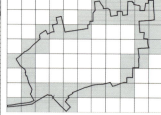

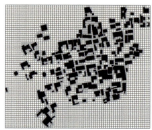
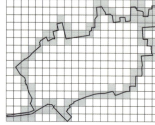

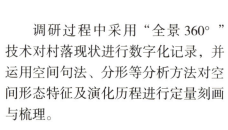

调研过程中采用"全景360°"技术对村落现状进行数字化记录，并运用空间句法、分形等分析方法对空间形态特征及演化历程进行定量刻画与梳理。

村落篇
02 明月湾

以节为脉 引"潮汐"

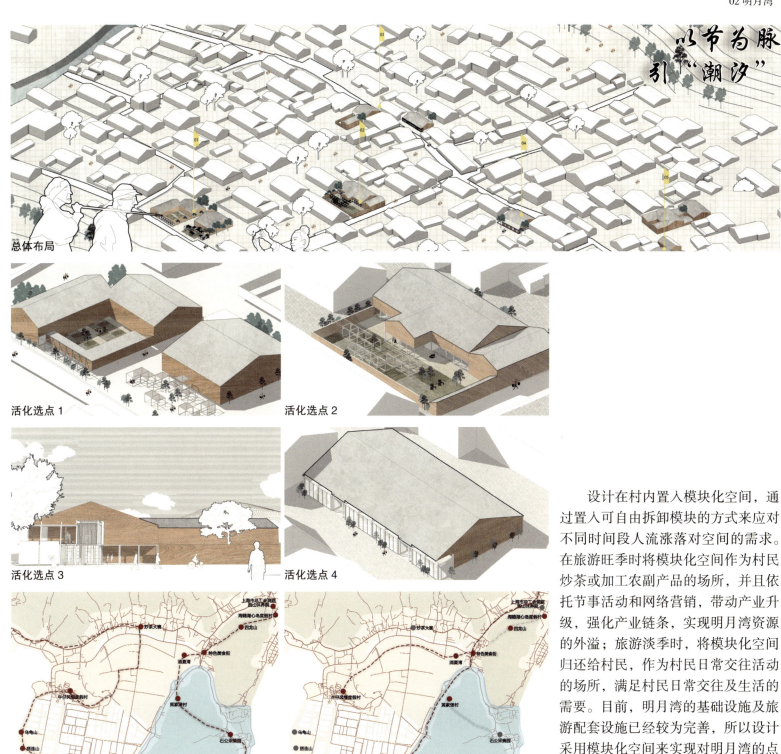

总体布局

活化选点1

活化选点2

活化选点3

活化选点4

潮——规划线路

汐——规划线路

　　设计在村内置入模块化空间，通过置入可自由拆卸模块的方式来应对不同时间段人流涨落对空间的需求。在旅游旺季时将模块化空间作为村民炒茶或加工农副产品的场所，并且依托节事活动和网络营销，带动产业升级，强化产业链条，实现明月湾资源的外溢；旅游淡季时，将模块化空间归还给村民，作为村民日常交往活动的场所，满足村民日常交往及生活的需要。目前，明月湾的基础设施及旅游配套设施已经较为完善，所以设计采用模块化空间来实现对明月湾的点状激活，并期望以明月湾的活化设计带动传统村落集中连片保护利用示范区的共同发展。

游客接待中心结构分析

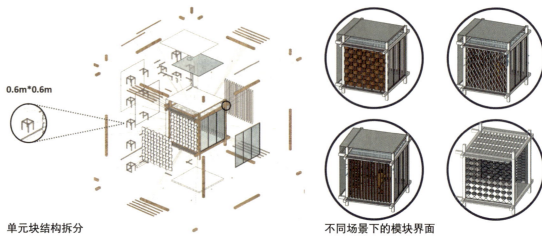
单元块结构拆分　　　　　　　　　不同场景下的模块界面

专家评语

　　作品关注明月湾所处环境和村落营造之间的关系，建构政府、村民、经营者、游客等多元主体的村落营造模型，从中发现"基于旅游淡旺季的人流变迁明显""有品牌但主题IP有待加强"和"如何带动周边村落联动成片发展"三大问题，提出"以节为脉引潮汐"的设计理念，根据不同地方传统、节日和人群活动的主题，设置深度游览空间（旺季）和短时观赏空间（淡季），通过不同节日主题、带动特色产业、整合地域村落、融合升级发展。通过植入自由可拆卸的单元更新模块，应对不同时间段人流涨落对空间的需求。从调查构思、空间规划和模块设计的过程中，不断强化突出明月湾村的人、地、水、村的特色，将保护利用发展的兴衰、特质旅游主题的旺季与淡季，以及未来空间规划发展的实与虚进行模式语言的空间类比，为未来明月湾的可持续保护、利用和发展提供可参考借鉴的实例。
（钟晟　江苏省城镇与乡村规划设计院有限公司执行董事、总经理）

游客接待中心人视1

游客接待中心人视2

游客接待中心人视3

03 礼 社

南京大学
建筑与城市规划学院

指导教师
华晓宁　梁宇舒　赵潇欣

学生成员
刘瑞翔　王小元
潘艺灵　高　晴

无锡市惠山区玉祁街道礼社村礼社，位于江苏省无锡市惠山区，坐落于玉祁街道的西北角，地处无锡、江阴、常州武进三地交界之处。礼社村所在位置原为古芙蓉湖区，地势低平，水网发达，自然景观优美，地理条件优越。礼社村原有"九潭十三浜"，十三条河浜呈放射状分布在村庄核心区域，九潭则星罗棋布于村庄四周，形成极具特色的江南圩田聚落形态。礼社于2009年入选第六批江苏省历史文化名村，2010年入选第五批中国历史文化名村，2012年入选首批中国传统村落，2020年入选首批江苏省传统村落。近年来，随着城市的扩张和乡村工业的发展，原有的水系结构受到一定的破坏，但仍保留着多条河浜。

调查发现，礼社村原住民人口流失严重，留在村中的原住民多为难离故土的老人。但由于苏南乡镇工业发达，邻近的玉祁镇吸引了大量外地务工人员。由于交通便利，房租低廉，很多外地务工人员租住在礼社村内，形成了独特的"实心空心村/空心实心村"现象，即人口数量上的实心村和人口构成上的空心村。现阶段居住在礼社村的人口中超过一半为外来务工者，一方面，他们为村庄的发展和活化带来了新鲜血液和活力，但另一方面，他们对村庄悠久的历史、深厚的文化积淀、独特的民俗风情都是生疏的，游离于村庄的历史文脉之外，缺乏认同和融合。而随着村庄的衰败，这些新村民的很多生活需求、文化需求也没有得到关注和满足。

在礼社村的发展进程中，村庄传统建筑和风貌不可避免地遭受了很大程度的破坏，传统乡土文化、民俗的传承也遇到了很大的困难。近年来，从政府到村民都意识到传统村落物质空间和乡土文化的重要价值。如何破解产权、资金、机制等诸多方面的难题，对传统历史村落进行保护、修缮、传承乃至活化再利用，是礼社当下需要应对的重要问题。更重要的是，在村庄居民结构发生深刻变化和转换的历史进程中，将村庄的活化与新老村民的融合紧密结合起来，成为彼此新的契机，加深新村民对老村庄的了解、认同，从而引导他们自觉地保护村庄风貌，传承村庄历史文化和风俗，形成新的命运共同体。

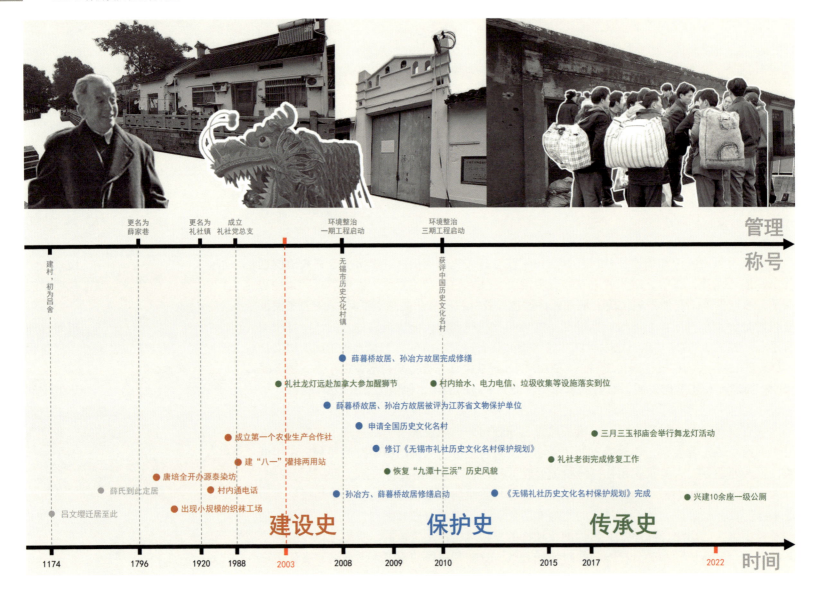

礼社村形成于宋淳熙年间（1185年前后），历明清两代，迄今800余年，历史悠久，文化底蕴深厚。在礼社村的历史中，先后经历了吕姓、薛姓的迁入。这两次族群的变迁对村庄发展产生了深远影响：村庄原名即为"吕舍"，后来改为"礼社"，取"尚礼守法安居之地"的意蕴。吕姓聚居于路北，耕作持家；薛姓聚居于路南，长于商贸和功名。在民俗方面，礼社村所属玉祁镇的舞龙享有盛誉。

礼社村民风淳朴，人文荟萃，尊师重教，英才辈出。在近现代历史上，这里走出了被经济学术界称为"双子座"的孙冶方（萼果）和薛暮桥两位卓越的经济学家，"两院四院士"使这个古老的村庄流光溢彩。

村落篇
03 礼 社

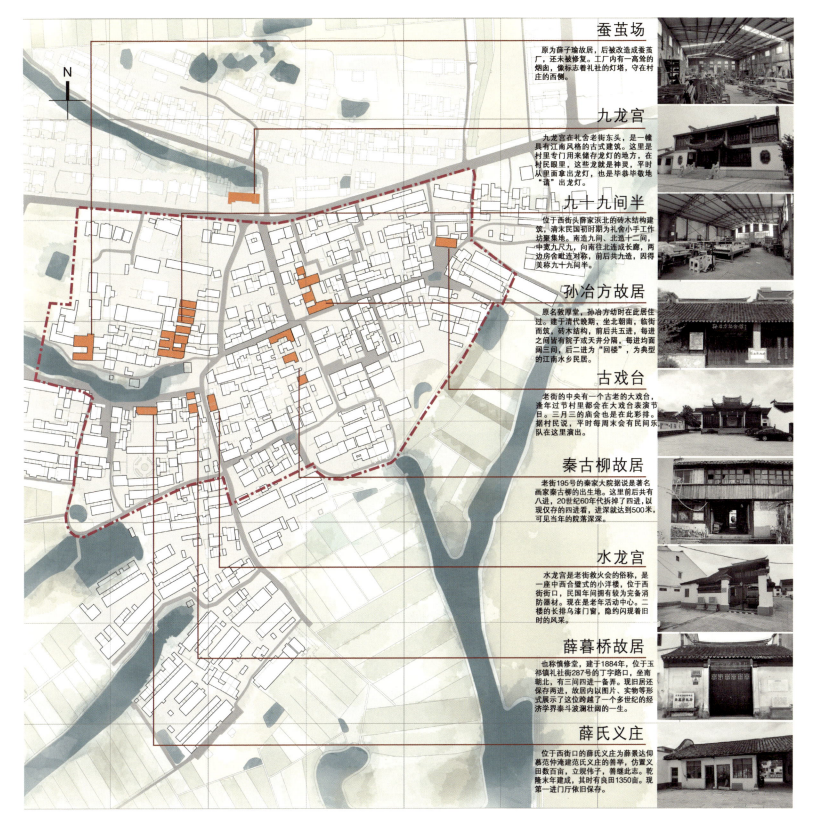

蚕茧场
原为薛子瑜故居，后被改造成蚕茧厂，还未被修复。工厂内有一高耸的烟囱，像标志着礼社的灯塔，守在村庄的西侧。

九龙宫
九龙宫在礼舍老街东头，是一幢具有江南风格的古式建筑。这里是村里专门用来储存龙灯的地方，在村民眼里，这些龙就是神灵，平时从里面拿出龙灯，也是毕恭毕敬地"请"出龙灯。

九十九间半
位于西街头薛家浜北的砖木结构建筑，清末民国初时期为礼舍小手工作坊聚集地。南造九间、北造十二间，中宽九尺九，向南往北连成长廊，两边房舍毗连对称，前后共九造，因得美称九十九间半。

孙冶方故居
原名教厚堂，孙冶方幼时在此居住过。建于清代晚期，坐北朝南，临街而筑，砖木结构，前后共五进，每进之间皆有院子或天井分隔，每进均面阔三间，后二进为"回楼"，为典型的江南水乡民居。

古戏台
老街的中央有一个古老的大戏台，逢年过节村里都会在大戏台表演节目。三月三的庙会也是在此彩排。据村民说，平时每周末会有民间乐队在这里演出。

秦古柳故居
老街195号的秦家大院据说是著名画家秦古柳的出生地。这里前后共有八进，20世纪60年代拆掉了四进，以现仅存的四进看，进深就达到500米，可见当年的院落深深。

水龙宫
水龙宫是老街救火会的俗称，是一座中西合璧式的小洋楼，位于西街街口，民国年间拥有较为完备消防器材。现在是老年活动中心。二楼的长排乌漆门窗，隐约闪现着旧时的风采。

薛暮桥故居
也称慎修堂，建于1884年，位于玉祁镇礼社街287号的丁字路口，坐南朝北，有三间四进一备弄。现旧居还保存两进，故居内以图片、实物等形式展示了这位跨越了一个多世纪的经济学界泰斗波澜壮阔的一生。

薛氏义庄
位于西街口的薛氏义庄是薛景达仰慕范仲淹建范氏义庄的善举，仿置义田数百亩，立规伟子，善继此志。乾隆末年建成，其时有良田1350亩。现第一进门厅依旧保存。

街巷整治措施

修缮街巷：街道翻建，"三线"入地及"两污"管道分流工程；实施礼社道路的整修，铺设彩砖人行道，沿路植树绿化及五条河道的驳岸清淤；

修缮空间节点：重修古戏台。

建筑整治措施

维修名人故居：孙冶方、薛暮桥、薛佛影故居的建筑修缮和内部布局装修；

维修古民居：礼社西街、东街店面房；

建筑结构的修复：整修秦家大院部分建筑、永善堂、水龙宫等。

河道整治措施

疏浚整修薛家浜的河潭，恢复九潭十三浜风貌。

2008 沟河潭　沟河潭 2023

2008 后巷　后巷 2023

2008 薛氏义庄　薛氏义庄 2023

2008 九十九间半　九十九间半 2023

村落篇
03 礼社

村民问卷

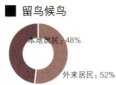
■ 留鸟候鸟
本地居民：48%
外来居民：52%

■ 年龄比例
幼年：16.06%
老年：35.15%
青年：16.07%
中年：32.72%

■ 职业
其他：28.3%
农民：41.52%
个体：11.32%
工人：15.09%
企事业单位：3.77%

■ 居住地
偶尔居住：1.89%
常年居住：98.11%

1964 礼社卫星图

■ 村民满意度调查
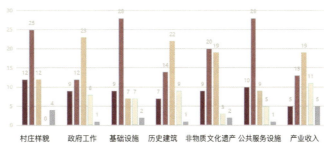

■ 村民村庄认知调查
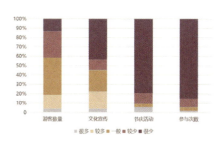

■ 村民态度与其生活区域相关性分析：你觉得村落最值得骄傲的是？

■ 若按照相关政策置换，想在何处安置
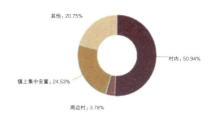
其他：20.75%
村内：50.94%
镇上集中安置：24.53%
周边村：3.78%

■ 村民态度与其生活区域相关性分析：历史建筑改造利用意向
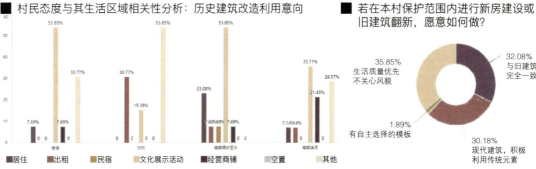

■ 若在本村保护范围内进行新房建设或旧建筑翻新，愿意如何做？
35.85% 生活质量优先不关心风貌
32.08% 与旧建筑完全一致
1.89% 有自主选择的模板
30.18% 现代建筑，积极利用传统元素

2022 礼社卫星图

典型保护利用项目	投入资金（万元）	资金来源	目前用途	年份
公共厕所建设	18	-	公共设施	2022
……				

（数据来源：据镇、村领导问卷访谈等不完全统计）

051

在调研过程中,组员通过无人机完成了倾斜摄影工作,并通过 Agisoft Metashape Professional 软件,完成了村庄及历史建筑、街道的建模工作,为后续设计提供了直观的参考。此外,组员制作了调研全过程的 VLOG 视频,以时间为线索,记录调研过程中的趣事见闻。

水脉再生
水岸融新

总体布局

薛氏义庄首层平面图

薛氏义庄内景1

薛氏义庄内景2

薛氏义庄内景3

  我们通过整合原有河浜和塘潭，重新组织水系格局，形成滨水公共休憩交往空间辐射网络；通过提出滨水空间活化工具包，增加公共空间类型，激发滨水区域活力，从而达到促进新老村民交流与融合的设计目标。

  在空间结构规划中，我们将地块分为文旅综合区、文化活力区、生态自然区三个主要部分，由点及面地激发村庄活力。在总平面布局上，以绿廊串联一系列广场小节点，以重点水域作为改造面，带动整个村庄片区的活化。

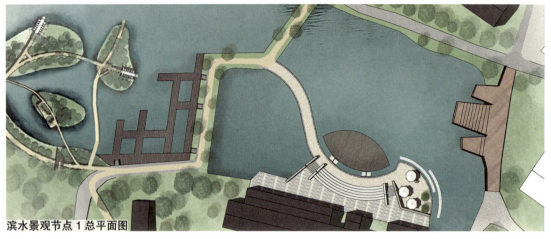
滨水景观节点1总平面图

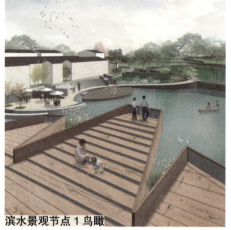
滨水景观节点1鸟瞰

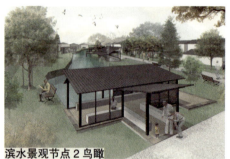
滨水景观节点2鸟瞰

专家评语

设计团队经过人口构成调研，提出"候鸟乡村"的概念，把留守村民比喻成"留鸟"，外地租户喻为"候鸟"，观察不同人群对村落空间的使用需求，通过滨水空间的梳理，提出了适合于多样人群的滨水工具包供村落营建选用。方案做了大量的调查工作，基础研究扎实，问题剖析比较精准，建议下一步就新老村民融合的问题进行更深一步的思考，比如传统建筑如何进行适应性改造以满足新村民的居住需求；传统文化在现代语境下如何传承发展，形成具有特色的村落空间；以及新老村民的社会治理路径。只有解决好老村民和新村民的共同问题，才能形成有序和谐的传统特色风貌，实现传统文化的传承和人居环境整体改善提升，促进村庄产业融合发展。

（高朝暄　中国建筑设计研究院城镇规划院历史文化保护规划研究所所长助理）

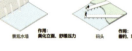

滨水工具包

滨水景观节点1人视

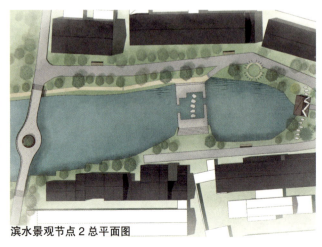
滨水景观节点2总平面图

滨水景观节点2人视

04 杨 湾

东南大学
建筑学院

指导教师
夏 兵

学生成员
姚 翀
王羽仪　高　玺　金雨恬　钟启瑞

苏州市吴中区东山镇杨湾村杨湾，位于江苏省苏州市吴中区东山镇，东山位于太湖之滨，杨湾位于东山半岛的西南部，依山麓而建，临太湖，是"山之间，水之尾"。杨湾是东山镇重要的商埠和水运码头，村内有大量明清古建筑遗存、炒茶等非物质文化遗产和丰富的民俗活动。杨湾于 2013 年先后入选第七批江苏省历史文化名村、第二批中国传统村落，2014 年入选第六批中国历史文化名村，2020 年入选首批江苏省传统村落。

通过两周的实地调研、问卷分发、实地测绘，我们总结了村子里存在的几点问题。调研过程中，我们几乎一开始就发现杨湾村入口标识性不强的问题，所以强化杨湾村入口的想法贯穿始终。杨湾的老浜场在村口内，对村口的强化作用不明显。老浜场周围建筑密集且保护等级高，浜场尺度小，很多活动施展不开，因而我们认为老浜场不适宜作为强化村入口的场地。于是我们很自然地将目光投射到村口外刘公堂和码头之间一块没有荫蔽的长条形广场上，当时广场几乎不会有人停留，成为停车的空地，一是因为尺度过大，村口离水太远而没有事件的交汇，二是没有荫蔽，也没有可以使用的设施，特别是在夏天，它没有让人停留的欲望。我们在和村民交谈的过程中，我们了解到老浜场周围的建筑被村民委员会从村民手上收购下来，得到了修缮，期望可以发展旅游，但旅游目前还没有发展起来，老浜场的周边的生活场景也变成几栋新的空房子，这很是触动我们，所以我们也希望对新浜场的塑造也充满村民的生活场景，而不是一个大而无当的都市景观广场。

总结来说，我们通过实地调研总结出设计的三个原则：一是强化村入口；二是消解村口广场的尺度；三是融合当地村民的生活和文化。

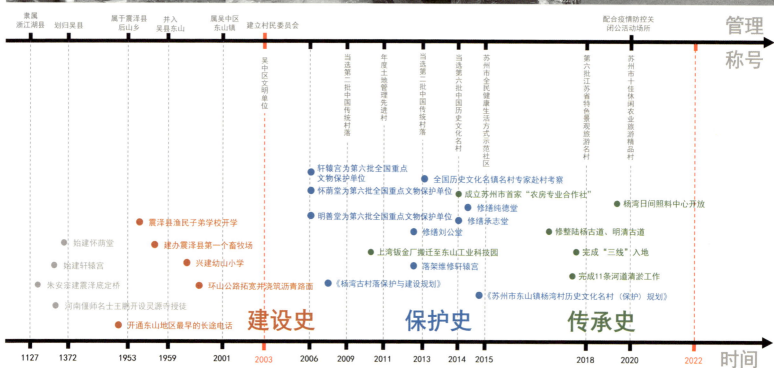

　　杨湾村始建于宋室南迁后，兴盛于明、清、民国直至 20 世纪 80 年代初，一直是东山西南部的主要商埠和水运码头。杨湾的古街全长 1461 米，两旁民居林立，高墙四起，古朴而恬静，街面两侧青石咬口路面均以小青砖侧砌铺设，并有不同花纹，连接着朱家巷、居巷、六扇巷等南北和东西向的街巷 28 条，明清建筑依街而建。其中，轩辕宫最早建于唐朝初期，以后多次重建或重修。杨湾古村是江南地区明清时期民居风貌的"天然博物馆"。

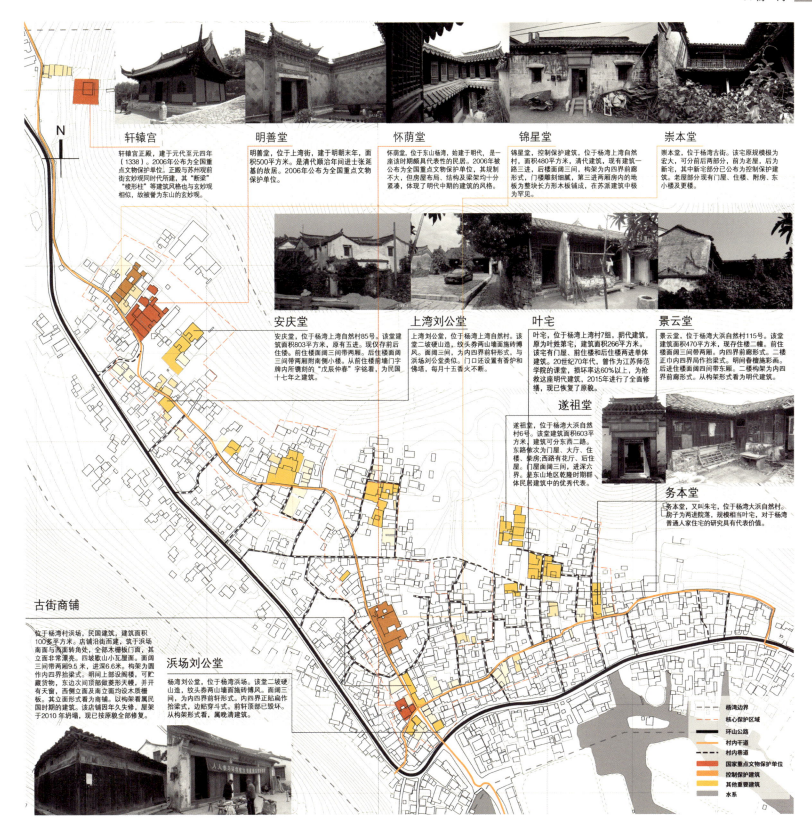

街巷整治措施
南北长960米明代陆杨古道；
东西长501米明清古道；
18条古巷古弄。

建筑整治措施
维修古民居：翁宅、明善堂、怀荫堂；
维修宗祠：轩辕宫正殿、上湾刘公堂、浜场刘公堂。

河道整治措施
杨湾码头整治。

桥梁整治措施
石桥村震泽底定桥整治。

2014 古街商铺

古街商铺 2023

2014 浜场刘公堂

浜场刘公堂 2023

2014 杨湾浜场

杨湾浜场 2023

2014 更楼

更楼 2023

村落篇
04 杨 湾

1964 杨湾卫星图

2022 杨湾卫星图

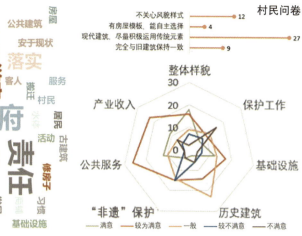

村民问卷

- 不关心风貌样式 12
- 有房屋模板，能自主选择 4
- 现代建筑，尽量积极运用传统元素 27
- 完全与旧建筑保持一致 9

雷达图：整体样貌、保护工作、基础设施、历史建筑、"非遗"保护、公共服务、产业收入
图例：满意、较为满意、一般、较不满意、不满意

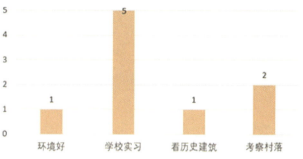

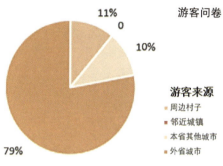

游客问卷

游客来源
- 周边村子 79%
- 邻近城镇 11%
- 本省其他城市 0
- 外省城市 10%

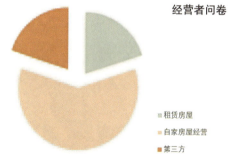

经营者问卷
- 租赁房屋
- 自家房屋经营
- 第三方

典型保护利用项目	投入资金（万元）	资金来源	目前用途	年份
明清古街	52	政府拨款	—	2007
浜场刘公堂	20	村民捐资	祭拜	2009
上湾翁宅	200	政府拨款	—	2015
清代古商铺	122	政府拨款	—	2014—2016
村内古道修复	3200	政府拨款	—	2016
杨湾古村停车场	913	政府拨款	停车	2016
上湾更楼	30	区镇筹款	—	2016
杨湾古村保护整治	2300	政府拨款	—	2016
……				

（数据来源：据镇、村领导问卷访谈等不完全统计）

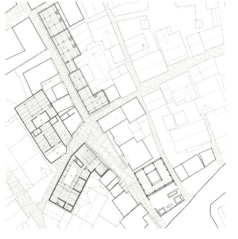

调研过程中利用无人机对杨湾村整体进行倾斜摄影建模工作,并对重点建筑进行测绘。

村落篇
04 杨湾

浜场重生

鸟瞰1

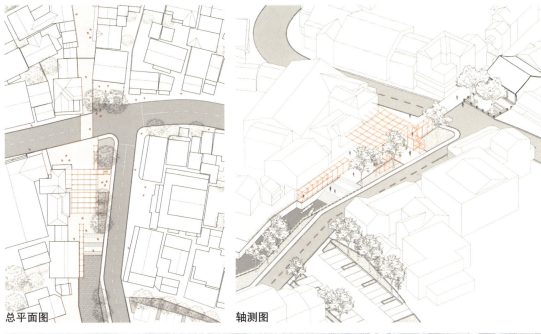
总平面图　　轴测图

鸟瞰2

　　项目位于杨湾刘公堂与杨湾码头之间的广场上，这里是杨湾古村的发源地，也是杨湾古村的村口。杨湾的村口内是村子原有的浜场，但老浜场已然缩减了规模，丧失了人气，也丧失了与太湖水的联系，于是我们将浜场延续到村外，并将码头改建到离村口更近的地方，将村口外的广场变成一个有水相伴、尺度适宜、人车分离的空间。在这个新浜场，我们用脚手架、布这样的轻质材料搭建了公共设施，让这个新浜场能承载各种各样的日常活动和民俗活动。希望新的杨湾浜场可以作为杨湾古村的第一印象，强化村口的地标性，也希望它是居民生活的容器，传递东山文化，更希望它是古村发展的一个契机，让老浜场和杨湾都活跃起来。

061

剖面图 1

剖面图 2

专家评语

项目精准地抓住了"浜场"这一尤为关键的标识性空间,以此作为本次活动调研和设计的对象。项目组通过扎实的现场调研和深入的居民访谈,系统探究了这一空间的历史演变过程及其承载的村庄集体记忆,关注浜场空间与村落其他空间的交通联系与格局关系,梳理特定空间中的村民生产、生活、娱乐等实际需求。项目组在设计中充分体现了目标导向、问题导向与价值导向相结合的方法,创新性地提出了复兴"浜场"空间的设计目标,创造性地利用现有的脚手架等装置,在满足村民日常生活和休闲娱乐活动需求的同时,探索了以"抬猛将"民俗为代表的非物质文化遗产与物质空间的有机融合,对于激发空间活力、传承民俗文化具有重要的示范意义。

(刘志超 江苏省规划设计集团城市更新规划设计院总设计师)

人视 1

人视 2

人视 3

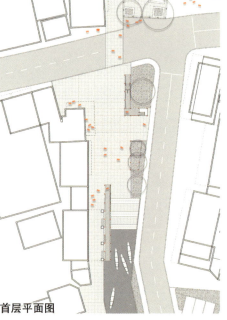

首层平面图

人视 4

05 东 村

苏州科技大学
建筑与城市规划学院

指导教师
张昊雁　周　敏

学生成员
蔡殷琪　葛辰晓　胡留泓
刘尔航　徐子健

苏州市吴中区金庭镇东村村东村，位于苏州西山岛北部。东村于2013年先后入选第七批江苏省历史文化名村、第二批中国传统村落，2014年入选第六批中国历史文化名村，2020年入选首批江苏省传统村落。截至2021年底，村落利用镇级、村级专项资金以及村集体自筹资金，陆续落实已立项的古村保护和利用所做的实施项目，包括对传统街巷、历史河道进行整治，河道驳岸进行修整，街巷、河道等环境卫生进行了整治，以及萃秀堂、敬修堂等古建筑修缮和修复。此外，东村已纳入美丽乡村、特色田园乡村的规划建设，且保护规划已报批。当前安排村落保护利用专职人员2名，并以村民小组为单位划定了志愿服务责任片区。

通过调研走访和多元主体反馈梳理，发现东村古村与金庭镇其他村落相比，历史文化资源丰富程度毫不逊色，但由于"资金缺口太大""权责不对""一堂多户"等因素，多处古建筑已出现局部倒塌或处于危房状态。其次，东村生活硬件设施条件良好，满足村民基本需求，但旅游产业开发程度较为落后，资源整合度较低，未能带来显著的经济效益。再者，上半年《烟火》实景剧游与"中国杯"定向越野巡回赛苏州太湖生态岛站在东村成功举办，足以表明东村拥有举行大型活动与特色产业的基础条件与实践经验，但缺乏统一的开发组织。

因此，希望可以在此基础上发展特色文化创意产业，以东村特色实景互动解谜游戏为载体，将东村丰富的历史文化资源与特色文创产业结合，以整个村庄为地图，以村庄历史为背景，组织特色游线和策划主题活动。为进一步彰显村庄特色，团队选择两处潜力公共空间进行活化设计，将东村的特色空间串联在一起。整合入口区域地形，将原本村落隐匿的地形劣势转化成"欲扬先抑、豁然开朗"的体验感受；利用景观坡道、游廊、连桥等营造，打造具有标识的东村门面。

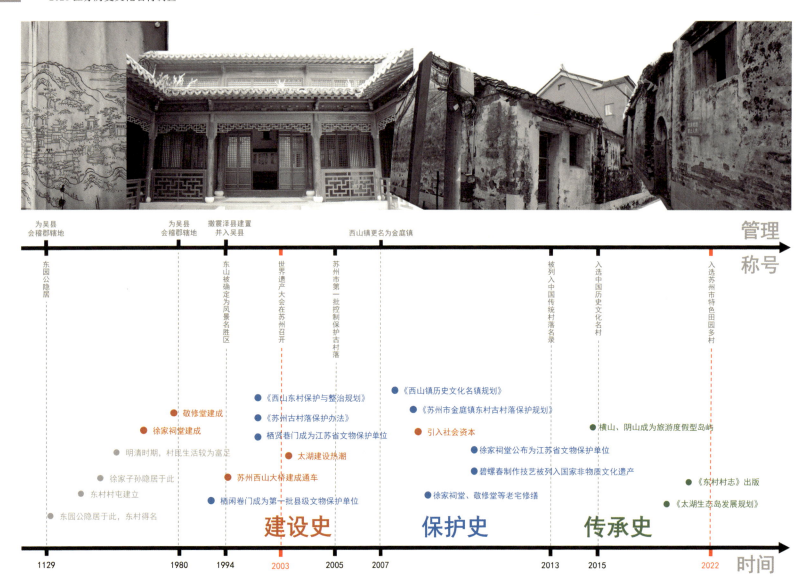

东村坐落于苏州市吴中区金庭镇北端，村落东西走向、南北坐落，为条状"丰"字形格局。北靠凤凰山，与横山、阴山隔湖相望；南偎貌虎顶、栖贤岭；东临太湖；西南与张家湾接壤。东村背山面水，边界空间完整度高。历史街巷、历史河道肌理完整，走向清晰。物质文化遗产众多，其中包括3处省级文物保护单位，1处市级文物保护单位，6处苏州市历史建筑，3处不可移动文物点。

村落篇
05 东 村

徐家祠堂

徐家祠堂,位于东村西上65号,建于清乾隆年间,该堂是目前尚存的西山地区体量最大、形制最规整的祠堂建筑。2010年9月徐家祠堂用作展示,对外开放。2011年10月,被列为江苏省文物保护单位。

学圃堂

学圃堂,位于东村西上49、50号,建于清咸丰年间,建筑面北,现存一路二进,依次为门厅、大厅。大厅前存清水砖门楼一座,额"长发其祥"。2018年被列为苏州市历史建筑,目前处于空置状态。

源茂堂

源茂堂,位于东村东上街南侧,建筑面北临街,建于清代,传为上海某银行家徐氏所有,现存一路三进。2018年被列为苏州市控制保护建筑。

维善堂

维善堂,位于东村西上13号,为苏州市控制保护建筑。始建于乾隆年间,现存大门、门厅、门楼、楼厅、后楼等建筑,除楼厅保持原貌,余均进行过改建。楼厅前砖雕门楼已毁。现为前店后居,是村落为数不多的"公共空间"。

孝友堂

孝友堂,位于东村东上104号,清末建筑。位于栖贤巷门西侧,坐南朝北,二路二进。东路为主体建筑,现存门厅及大厅。2018年被列为苏州市历史建筑;2020年后楼已改为新楼;目前仍保留居住使用功能。

朗润堂

朗润堂,位于东村东上49号,建于清代,堂名取自"明朗润泽"之意。朗润堂大厅、东次间前轩和后楼西次间已倒塌,现已空置。

敬修堂

敬修堂,位于东村西上57号、58-63号,建于清乾隆十七年,是苏南地区清代早期民居群体建筑的优秀代表。2002年,敬修堂被列为江苏省文物保护单位。吴中区文物管理委员会分别于2007年、2015年出资整修。

凝翠堂

凝翠堂,位于东村西上83号,建于清乾隆年间,原有一路三进,现第二进已毁,仅存门厅与楼厅。现大门面朝南,建筑面东。2018年被列为苏州市历史建筑。

绍衣堂

绍衣堂,位于东村西上31、34号,建于清代,建筑面北,现存一路三进,门厅、大厅、附房。大厅前存"乾隆乙卯"年款,素面砖雕门楼。2018年被列为苏州市历史建筑,目前仍保留居住使用功能,但已出现坍塌。

崇德堂

崇德堂,位于东村西上40号,建于民国,建筑北向,建筑面积351平方米。原有一路三进,由于产权复杂,修复协商不一,现已局部坍塌,现今部分保留居住功能。

敦和堂

敦和堂,位于东村东上95、96号,建于清乾隆年间,建筑面北,依山而建,北低南高,现存三路二进。中为正路。2018年被列为苏州市历史建筑,2019年修复大厅及楼厅,目前空置状态。

萃秀堂

萃秀堂,位于东村东上62号,始建于乾隆年间,是一处体量较大的清代民居群体,原有六进院落。2009年7月,被列为苏州市文物保护单位,现被当作仓库使用。

065

街巷整治措施

东村古街保持传统街巷格局，保留原有步行空间尺度、走向，地面采用传统青砖铺砌样式，与原有地面铺装风格、色彩、材质协调。

建筑整治措施

修缮整治方面，1处（留耕堂）于2020年原地重建完成；3处建筑（徐家祠堂、三清殿、保宁堂）于2021年修缮完毕；1处建筑（观音堂）于2022年启动修缮。其中，徐家祠堂修复了前厅、重建大殿、寝宫、照壁、回廊等，基本恢复原貌，制式规范，装饰华丽。

河道整治措施

村落内历史河道空间完整性较好，走向清晰，河道水质较好，沿河驳岸与步道采用传统铺装样式。

2009 徐家祠堂

徐家祠堂 2023

2013 东园公祠

东园公祠 2023

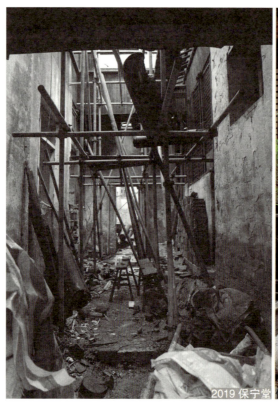
2019 保宁堂

保宁堂 2023

村落篇
05 东村

1964 东村卫星图

2020 东村卫星图

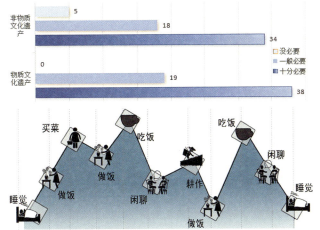

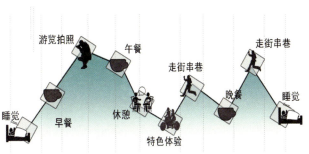

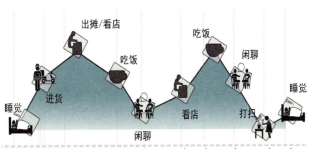

村民问卷
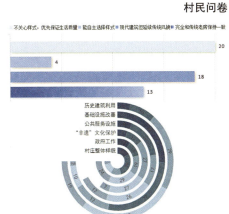

游客问卷

经营者问卷

典型保护利用项目	投入资金（万元）	资金来源	目前用途	年份
东园公祠	—	政府拨款	居住	2013
敬修堂	—	吴中区文物管理委员会	展示	2007、2015
敦和堂	—	吴中区文物管理委员会	空置	2019
保宁堂	—	政府拨款	居住	2019
观音堂	—	政府拨款	空置	2019
徐家祠堂	380	社会资金投入	展示	2009、2019
……				

（数据来源：据镇、村领导问卷访谈等不完全统计）

067

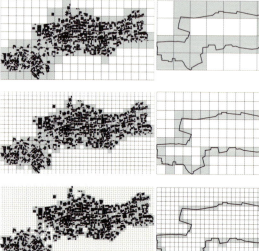

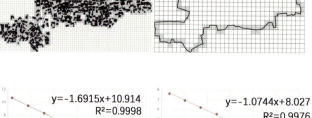

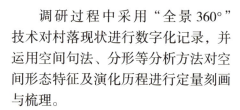

调研过程中采用"全景360°"技术对村落现状进行数字化记录，并运用空间句法、分形等分析方法对空间形态特征及演化历程进行定量刻画与梳理。

村落篇
05 东村

走珠串线

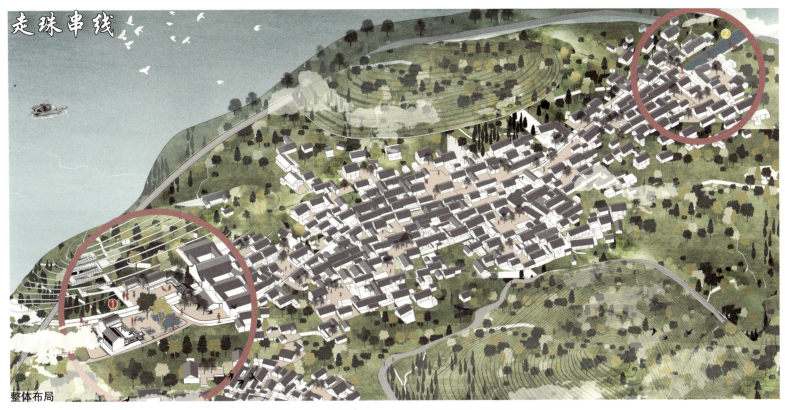

整体布局

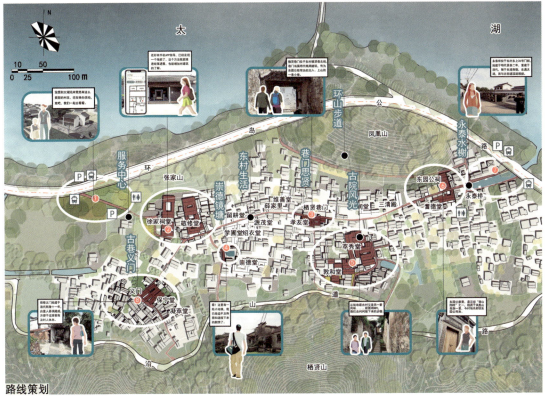

路线策划

东村山清水秀且历史文化底蕴深厚。东村古村与金庭镇其他村落相比，村落特色挖掘不足，产业发展缺乏动力。基于村落发展现状及多元主体诉求，以整个村庄为地图，以村庄历史为背景，将丰富的历史文化资源与文化创意产业结合，打造东村特色实景互动解谜游戏，满足游客对休憩、游玩、交往空间的体验性、探索性与互动性的需求。为进一步彰显村庄特色，整合入口区域地形，将原本村落隐匿的地形劣势转化成"欲扬先抑、豁然开朗"的体验感受；利用景观坡道、游廊、连桥等营造，打造具有标识的东村门面。

西入口剖面图

专家评语

项目组团队以苏州金庭镇东村为案例地，在调查研究之后，开展了东村的活化设计，在"溯古今"的调研基础上，理清了东村物质要素的基本现状，并开展了不同人群的问卷调查，摸清多元主体诉求，梳理了历史文化资源丰富，但是缺乏系统运营管理、村庄入口不明显，缺乏标志性门面等发展瓶颈问题。基于此，提出了"走珠串线"的设计理念，开展"沉浸式互动解谜游戏"主题策划，将重要节点进行串联活化，进而解开东村困境"迷局"，将文化空间进一步嵌入，紧抓产业数字化契机，将情景剧置入各节点，丰富游线设计，尝试解决入口辨识度不高的"迷局"。该项目创新性提出通过沉浸式体验，破解村庄活化之谜，以此带动各重要节点的活化，具有很好的综合谋划创意性，从点、线、面的贯通实现村庄整体的活化设计，具有很好的参考价值和应用性。

（李红波　南京师范大学地理科学学院副院长、教授）

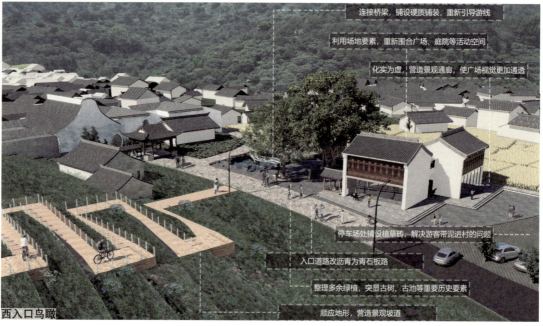
西入口鸟瞰

东入口人视1

东入口人视2

06 焦 溪

常州工学院
土木建筑工程学院

指导教师
薛 垲 常 征

学生成员
向新丽 刘 璇 高新元
张伟晨 胡雪琪 刘 帆

常州市天宁区郑陆镇焦溪村焦溪，地处常州、无锡、江阴三市交界，是具有七百多年的历史。焦溪于2013年入选第七批江苏省历史文化名村，2014年先后入选第六批中国历史文化名村、第三批中国传统村落，2020年入选首批江苏省传统村落。

本次工作营，我们对焦溪进行了深入细致的调研，对比文物保护建筑、历史建筑等重点建筑近20年间的变化，了解到当前"申遗"工作的进展及困难，对村民、游客、村干部、社区营造工作者、古镇建设工程指挥部领导等进行问卷调研及访谈，结合线上线下调查问卷反馈：大部分村民愿意维修历史建筑；村民为村子的自然环境好、传统文化深厚、生活舒适感到骄傲；村民倾向于将改造后的建筑用于商用；大部分村民希望保留传统的建筑元素。

通过调研、访谈、观察，我们总结出了以下问题：①南北片区差异明显。南部片区改造基本完成，街巷建筑风貌良好，尺度宜人，有文化及商业业态植入，但村民认同度不高，居住村民较少，缺乏生活气息；②北部片区风貌杂乱，以居住为主，游客兴致缺失，但村民认为这才是家乡，有烟火气，但缺乏活动空间，缺乏宣传展示的文化业态。针对以上问题我们提出了设计策略：以打造"主客共享"的社区型传统村落为主旨，在南北片区连接处、核心保护区域外围，创造新的公共空间节点。

焦溪是幸运的，赶上了申报"江南水乡"世界文化遗产的末班车，政府足够重视、资金充足，重新做了针对"申遗"的保护规划，已经做了大量的保护修缮工作，恢复了历史水系及桥梁，引进了运营公司植入音乐酒吧等新的业态，在可以预见的未来，焦溪的发展较为乐观。但是，焦溪的成功并不可复制，如果没有政府的不计回报的投资托底，我们现在看到的一切也许都不存在。因此，如何让目前呈现良好发展势头的焦溪能够可持续发展，具备自身的造血功能，如发展焦溪蜜梨等生态农业产业，结合运营公司植入的新业态产生更大商业价值，留住"烟火气"、留住原住民、吸引外出者返乡、吸引外来创业者留下来，是今后各有关部门需要深入思考和研究的问题。

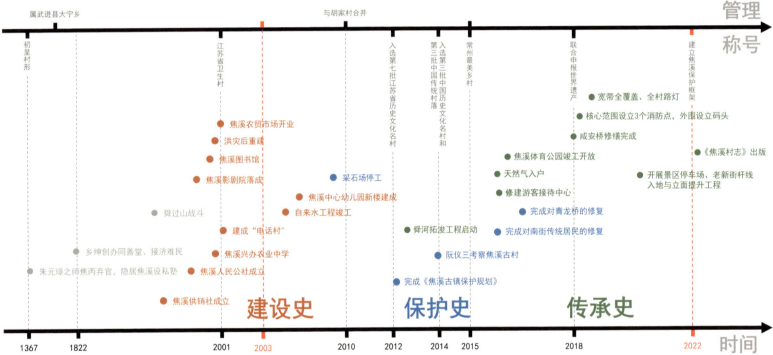

焦溪整体村落风貌，呈现依山傍水的完整格局、形制完整的传统街巷、华夏圣贤的人文遗迹、南地北风的特色建筑。清末至民国初年，焦溪村呈现三河、六街、九桥、十八弄的格局；随着城市建设工作的不断发展，在焦溪古镇保护规划实施前，仅存一河、四桥、五街、十三弄的格局。

村落篇
06 焦 溪

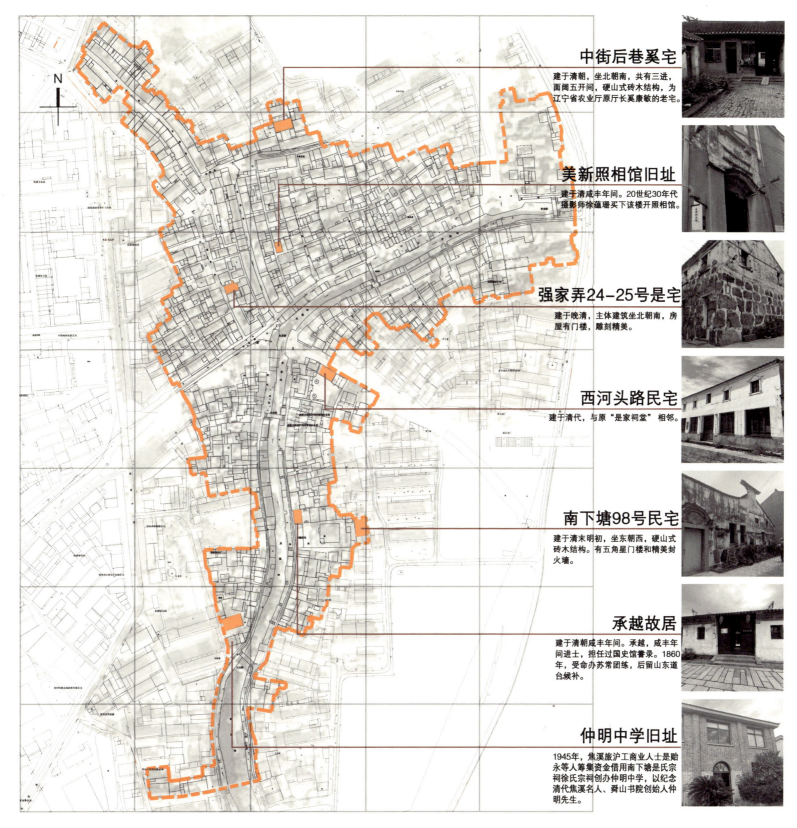

中街后巷奚宅
建于清朝，坐北朝南，共有三进，面阔五开间，硬山式砖木结构，为辽宁省农业厅原厅长奚康敏的老宅。

美新照相馆旧址
建于清咸丰年间。20世纪30年代摄影师徐蕴珊买下该楼开照相馆。

强家弄24-25号是宅
建于晚清，主体建筑坐北朝南，房屋有门楼，雕刻精美。

西河头路民宅
建于清代，与原"是家祠堂"相邻。

南下塘98号民宅
建于清末明初，坐东朝西，硬山式砖木结构。有五角门楼和精美封火墙。

承越故居
建于清朝咸丰年间。承越，咸丰年间进士，担任过国史馆誊录。1860年，受命办苏常团练，后留山东道台候补。

仲明中学旧址
1945年，焦溪旅沪工商业人士是贻永等人筹集资金借用南下塘是氏宗祠徐氏宗祠创办仲明中学，以纪念清代焦溪名人、舜山书院创始人仲明先生。

073

街巷整治措施

南街：石板路进行重新铺设、整治建筑风貌、织补建筑风貌被破坏的历史建筑、"三线"入地、加装摄像头、更新景观；

中街、老新街：石板路进行保养维护、整治建筑风貌、翻新建筑立面、修缮破损建筑。

建筑整治措施

维修古建筑：承越故居、王家大院；

维修宗祠：承氏宗祠；

立面整治：原焦溪中学沿街风貌整治，南下塘1区、3区、4区风貌整治，承氏公房及河房风貌整治，南街19号、23号风貌整治。

桥梁整治措施

维护修缮历史桥梁：青龙桥、咸安桥、三元桥、中市桥。

2003 南街

南街 2023

2018 承越故居

承越故居 2023

2016 青龙桥

青龙桥 2023

2013 三河交汇处

三河交汇处 2023

村落篇
06 焦溪

2008 焦溪卫星图

2022 焦溪卫星图

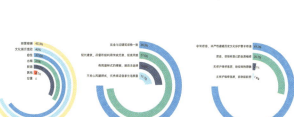

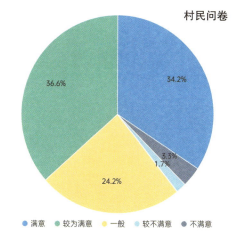
村民问卷

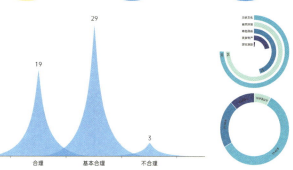

游客问卷

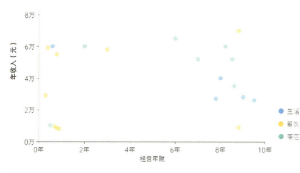

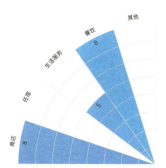
经营者问卷

典型保护利用项目	投入资金（万元）	资金来源	目前用途	年份
承氏宗祠	263	政府拨款	—	2018—2020
承越故居	268	政府拨款	展览馆	2018—2020
圈门遗址	128	政府拨款	构筑物	2018—2020
王家大院	380	政府拨款	—	2018—2020
原焦溪中学沿街风貌整治	308	政府拨款		2018—2020
南下塘1区、3区、4区风貌整治	312	政府拨款	—	2018—2020
承氏公房及河房风貌整治	253	政府拨款	办公室	2018—2020

（数据来源：据镇、村领导问卷访谈等不完全统计）

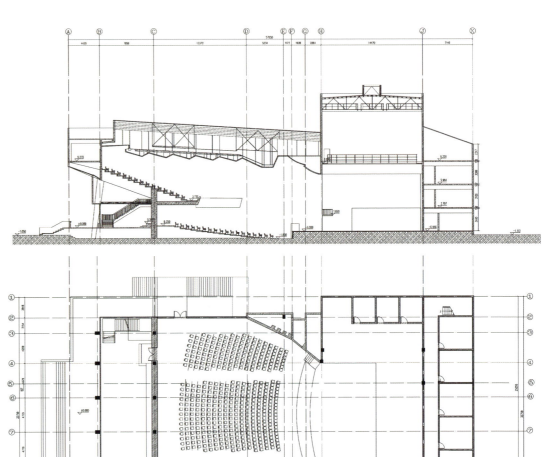

在调研过程中，组员绘制了当地店铺的钢笔淡彩，并通过交换的方式与经营者产生互动。同时，对焦溪剧院进行测绘工作。

入口景观人视　　　　　　　　　　　　　　　　　　　　台·廊

总平面图

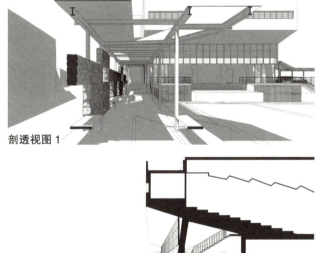

剖透视图 1

剖透视图 2

焦溪影剧院外广场位于南北片区连接处，地处核心保护区域范围外，可以减少对村内原有建筑风貌的破坏。围绕打造"主客共享"的社区型传统村落，选择村民具有历史记忆的焦溪影剧院广场，以连廊接西苑桥至焦溪影剧院周边，结合原影剧院半地下室及大挑檐下空间设计新的演艺舞台"戏台"，结合局部黄石半墙的连廊及滨水码头，置入棋牌、休憩等功能，整合杂乱的空间界面，使其形成新的村民交流休憩、节庆演出、文化遗产展示宣传的场所，打造村民、游客共享的标志性节点空间。

滨水空间人视

东立面图

专家评语

项目从焦溪村的发展历程演化梳理开展，概述了村落风貌，理清历史脉络，探究了格局变化，开展了河道、桥梁、街巷、建筑、基础设施的问卷调查，得出了南北片区的差异性，总结出"缺乏生活气息、缺乏活动空间、缺乏宣传展示的文化业态、非物质文化资源缺失"等方面的问题。基于此，提出"主客共享"的社区型传统村落，在南北片区连接处、核心保护区外围创造新的公共空间节点。以连廊连接西苑桥至影剧院周边，使其形成新的村民交流休憩、节庆演出、展示宣传的场所，打造村民、游客共享的标志性节点空间，奠定了选择"焦溪村影剧院广场"为主题的重要原因。项目从恢复"戏台"，搭建黄石半墙的连廊这一"台·廊"设计理念，活化了焦溪村，让传统村落焕发新的勃勃生机。

（李红波　南京师范大学地理科学学院副院长、教授）

休憩庭院人视

连廊人视1

连廊人视2

连廊人视3

07 三 山

南京大学
建筑与城市规划学院

指导教师
华晓宁 梁宇舒 赵潇欣

学生成员
张佳芸 田 靖
陈 哲 文 啸 郭士博

苏州市吴中区东山镇三山村，位于离苏州市区西南 50 公里处的太湖之中。三山于 2013 年先后入选第七批江苏省历史文化名村、第二批中国传统村落，2014 年入选第六批中国历史文化名村，2020 年入选首批江苏省传统村落。由于地处江浙两省的交界处，三山村历史上曾作为太湖航运的湖中驿站，发展繁盛一时，形成以桥头自然村为中心，东山、小姑、西湖、东泊四个自然村落环绕其周的古街、古宅、古井、古桥、古寺庙点缀其间的农村聚落群，寺观堂庙曾多达 18 座。至今，村内还保存着完整的传统古街道、水系、历史建筑、古井名桥、风俗习惯和民间传说等丰富的历史文化遗产，现有清俭堂、师俭堂和薛家祠堂等规模较大、等级较高的明清建筑 30 多幢。

三山村人口数量和结构较为稳定，户籍迁入迁出较少，年龄结构趋向于中老年化，呈现劳动力不足的现象。目前，三山村居民大多是老年人，由于对外交通必须通过舟船，公共服务设施较少，生活不便，年轻人多在苏州市或其他地区工作，只有少数青年在岛上从事与旅游业相关的工作。

纵观三山村历史上社会经济的发展，可谓是因水而生、因水而兴、因水而衰。在太湖航运衰落之后，三山村的经济发展也曾在近现代陷入停滞，产业单一，村民生活水平较低。

三山村最突出的特征便是其独特的地理位置和优美的自然景观。经过调研我们发现，近年来三山村已经充分意识到自身的独特价值，借力优美的环境、丰富的资源，大力发展生态旅游业，集体经济也飞跃进步。如今，旅游业已成为三山村的支柱产业，来此旅游的游客越来越多，尤其是节假日旅游高峰时期，岛上的游客成群结队，欢声笑语不绝于耳。但在另一方面，三山村的旅游业也存在季节性强、体验不够丰富、与村庄历史文化资源融合度低、空间碎片化、缺乏未来拓展余地等问题，亟待改善和提升。

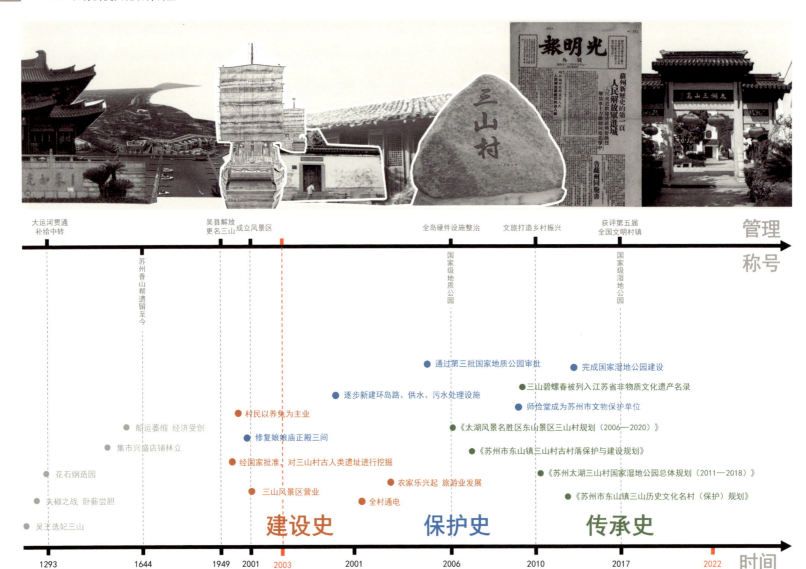

　　三山村由北山、行山、小姑山三峰联缀得名，与周边的厥山、泽山、蠡墅山等离岛，构成了美丽的湖岛风光。三山村拥有省级文物保护单位 2 处，市文物保护单位 1 处，明清时期至民国年间的建筑 30 幢，古井 18 处，古桥 2 处。

观音堂
又名石观音，庙址在三山小姑浜边，建于何时不详，内供石观音，原有石雕观音3尊，清末均已毁。

九思堂
位于桥头村，建于明代元顺年间，是三山村现存古建最早的建筑，有前后两进，建筑面积446平方米。

清俭堂
建于乾隆年间，有房屋58间，占地面积1500平方米，是三山岛上规模最大最完整的清代建筑。

化石点
薛家祠堂外部设有哺乳动物化石点，是江苏省文物保护单位。

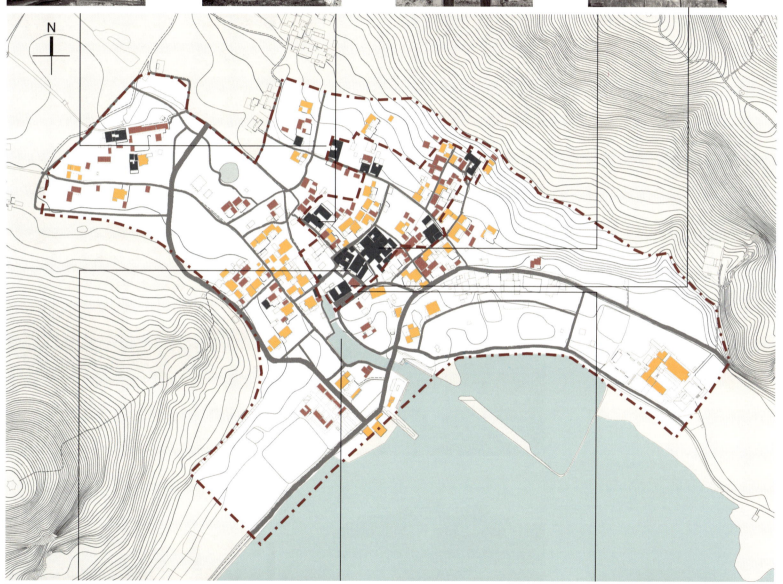

四宜堂
位于桥头村22号，建于清末，面积473平方米。现存建筑可分为东西两路，西路有前后住楼，东路有原堂以及后住楼。

桥头浜
位于桥头自然村薛家祠堂门前，因顺济桥得名。明清年间形成泊船湖湾，两岸以巨型青黄石叠砌而成。

枇杷园
位于桥头村，中蜂交尾场南侧。

薛家祠堂
位于桥头村，现有门屋、大厅前后二进。现为三山石刻艺术馆。

街巷整治措施

修缮街巷："鱼骨状"传统街巷格局复原、桥头古村路面修复。

建筑整治措施

维修古民居：薛家祠堂、清俭堂、九思堂、念劬堂、四宜堂修缮。

河道整治措施

古河道、古码头复原修缮。

桥梁整治措施

古桥复原修缮。

2005 薛家祠堂　薛家祠堂 2023

2005 九思堂　九思堂 2023

2005 清俭堂　清俭堂 2023

2005 码头　码头 2023

村落篇
07 三山

村民问卷

1964 三山卫星图

2023 三山卫星图

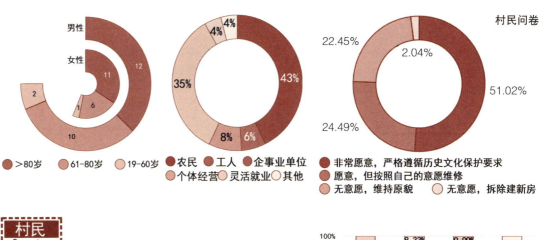

- >80岁 ● 61-80岁 ● 19-60岁
- ● 农民 ● 工人 ● 企事业单位
- ● 个体经营 ● 灵活就业 ○ 其他
- ● 非常愿意，严格遵循历史文化保护要求
- ● 愿意，但按照自己的意愿维修
- ● 无意愿，维持原貌 ● 无意愿，拆除建新房

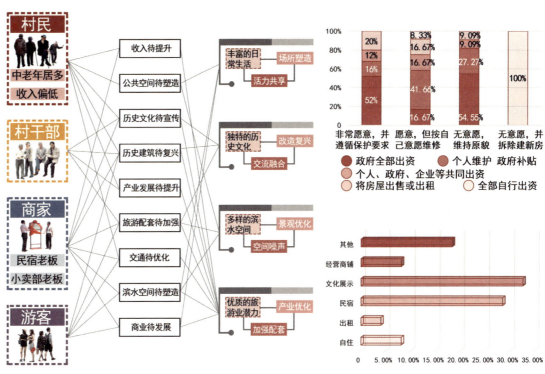

- 非常愿意，并遵循保护要求
- 愿意，但按自己意愿维修
- 无意愿，维持原貌
- 无意愿，并拆除建新房

● 政府全部出资 ● 个人维护 政府补贴
● 个人、政府、企业等共同出资
● 将房屋出售或出租 ○ 全部自行出资

典型保护利用项目	投入资金（万元）	资金来源	目前用途	年份
东泊码头新建	100	-	-	2006
环岛路提升	20	-	-	2006
游客中心扩建	80	-	-	2006
防火隔离带修筑	10	-	-	2006
房屋外墙粉刷	223	-	-	2011—2012
中心路沟渠改造	39	-	-	2011—2012
"三线"入地改造	2500	-	-	2012
挡土墙改造	235.6	-	-	2012—2013
桥头古村落整体提升	100	-	-	2014
师俭堂整体修缮	400	财政拨款	居住	2023

（数据来源：据镇、村领导问卷访谈等不完全统计）

在调研过程中，组员通过无人机完成了倾斜摄影工作，并通过 Agisoft Metashape Professional 软件，完成村庄及历史建筑、街道的建模工作，为后续设计提供了直观的参考。此外，组员制作了调研全过程的 VLOG 视频，以时间为线索，记录调研过程中的趣事见闻。

村落篇
07 三山

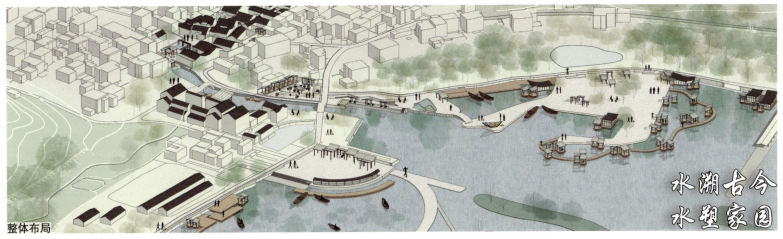
整体布局

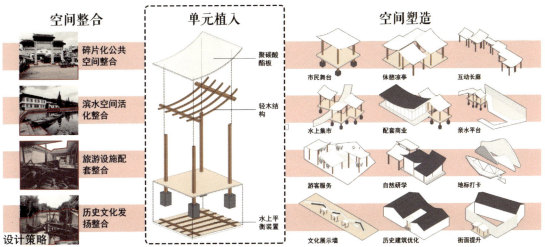
设计策略

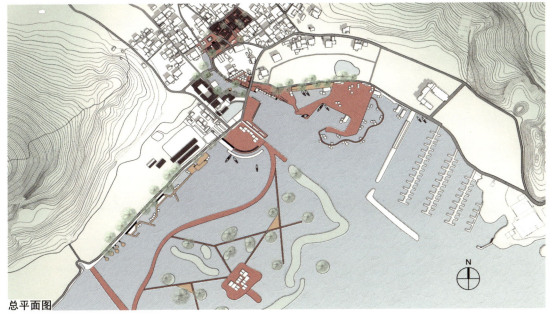
总平面图

我们经过调研分析，总结了部分公共空间利用率低、旅游与历史文化脱节、旅游空间体验单调、水岸互动设计僵化等主要问题。结合三山村独特的地理位置条件，形成了"水溯古今、水塑家园"的设计理念。以"整合空间、拓展界域、创新体验、交融古今"为目标，以小尺度、轻介入、微更新为主要手段，挖掘三山村丰富的日常生活、独特的历史文化、多样的滨水空间、优质的旅游业资源等特点，从场所塑造、改造复兴、景观优化、产业优化多角度进行改造更新。通过模块化设计方法，提出了水村触媒模块工具包，为三山村的未来活化描绘了全新的前景。

鸟瞰效果图

专家评语

项目对于三山古村的发展与水的关系进行深入的探究，从历史脉络和格局特点等方面分析了古村"因水而生""因水而兴""因水而衰"和"因水再兴"的阶段性特征，展现了项目组对古村历史和文化的深刻理解和敏锐洞察。在调研中，项目组聚焦于人群需求分析，准确把握古村发展的现状和趋势，总结出古村在公共空间、旅游体验、水岸关系、人文活动等方面存在的问题，为后续的设计提供了明确的方向和目标。在设计中，项目组巧妙地应用具有标志性的历史元素，将单元植入与空间塑造相结合，通过功能策划回应了上述问题。对于古村东侧的水岸空间和滨水湿地，项目组提出活化利用策略，为水岸空间注入新的活力，对古村水系的生态保护和有效利用起到积极作用，具有较强的创新性和实践意义。

（刘志超　江苏省规划设计集团城市更新规划设计院总设计师）

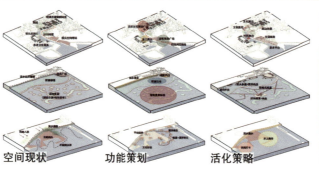

空间现状　　功能策划　　活化策略

水上休闲商贸区

湿地风景体验区

文化生活漫步区

08 漆 桥

中国矿业大学
建筑与设计学院

指导教师
张 潇　周海军　常 江　林祖锐

学生成员
李逸婷　戚雨田　牛嘉琪　张燕燕
谢佳良　王 晗　丁一丹　陈翔宇

南京市高淳区漆桥街道漆桥村漆桥，位于江苏省高淳东北部，2013年8月被评为江苏省历史文化名村。漆桥于2013年先后入选第七批江苏省历史文化名村、第二批中国传统村落，2014年入选第六批中国历史文化名村，2020年入选首批江苏省传统村落。公元1310年，孔子世孙孔文昱迁移至此，在经商的同时发扬儒家文化，目前，漆桥村是世界仅次于曲阜孔庙的孔氏后裔第二大居住地。

通过为期一个月的资料梳理和现场调研，我们整理了近20年漆桥村的变化及存在的问题。空间特色方面，连续均质化的沿街立面让空间略显单调；主街道路车辙清晰可见，给居民及游客出行带来了不便；主街与支巷的交叉点因缺乏引导，很难被游客发觉。人口及产业方面，村内老龄化、空心化严重。村内主街的商业店铺缺乏特色，呈现逐步消退的态势，店主对旅游开发态度消极。文化传承方面，漆桥村的孔氏文化没有得到很好的宣传。村民对村庄的历史文化、民俗风情知之甚少。游客印象除了古建以外，体会不到任何历史文化的特色，常常半道折返。

综上所述，漆桥村的发展困境也是部分历史文化名村的映射。如何利用古村文化，盘活街巷空间、激发居民活力是我们亟待解决的难题。以此为目标，我们提出了"水绕·脉连"的设计理念，串联漆桥村的文脉与水脉，活化孔氏文化的典故，策划了文化展演路线，让游客在外围水系中了解漆桥的历史，感受古村的文化氛围，带着全新的理解回到漆桥主街。为了实现这个愿景，我们拟合孔子周游列国路线，在空间结构上将全村划分商业、游客、居民三大轴线，并以文化展演的形式串联形成第四条轴线。在各个轴线的节点处，以"触水—观水—聚水—意水"为主线，增设了可供居民、游客活动交流的公共空间。轴线的串联需要通过疏通、恢复漆桥外围的水系得以实现，我们梳理了阻碍水系流通的节点，设置水上旅游路线，将主街的游客引流到周边的水域；根据居民的使用习惯和所处空间的特点，设计不同类型的亲水埠头和游船码头，满足居民日常生活的同时，加强居民与游客之间的交流。

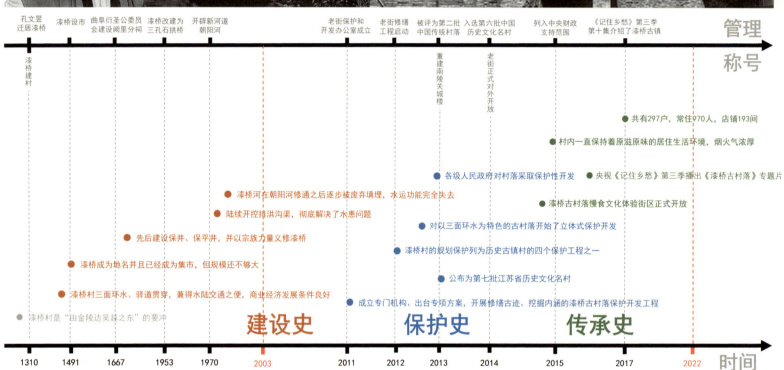

漆桥古村落位于江苏省高淳县东北部，距今已有2000多年历史，拥有深厚的历史文化底蕴。相传西汉末年丞相平当为避王莽之乱隐居此地，后为方便百姓出行，于南陵河搭建木桥，后施漆于桥，因此得名"漆桥"。漆桥自汉朝时期以来就是连接苏南、皖南的交通要道，史称"古宁驿道"，是古代交通线和居住地的适宜选址。

村落篇
08 漆桥

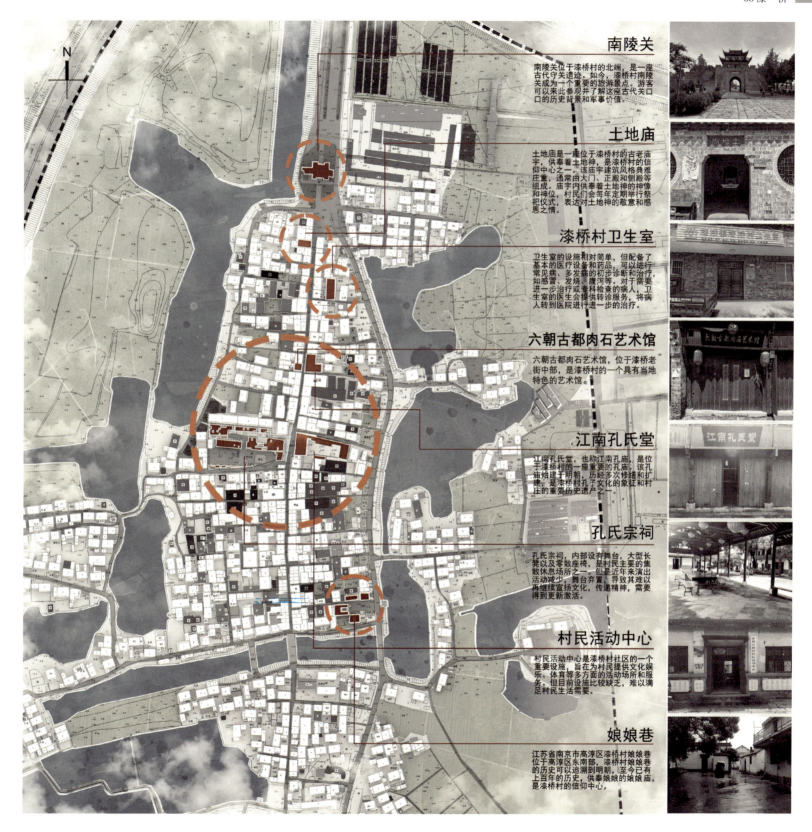

南陵关
南陵关位于漆桥村的北端，是一座古代守关遗迹。如今，漆桥村南陵关成为一个重要的旅游景点。游客可以来此参观并了解这座古代关口的历史背景和军事价值。

土地庙
土地庙是一座位于漆桥村的古老庙宇，供奉着土地神，是漆桥村的信仰中心之一。该庙宇建筑风格典雅庄重，通常由大门、正殿和侧殿等组成。庙宇内供奉着土地神的神像和神位，村民们会每年定期举行祭祀仪式，表达对土地神的敬意和感恩之情。

漆桥村卫生室
卫生室的设施相对简单，但配备了基本的医疗设备和药品，可以进行常见病、多发病的初步诊断和治疗，如感冒、发烧、腹泻等。对于需要进一步治疗或专科检查的病人，卫生室的医生会提供转诊服务，将病人转到医院进行进一步的治疗。

六朝古都肉石艺术馆
六朝古都肉石艺术馆，位于漆桥老街中部，是漆桥村的一个具有当地特色的艺术馆。

江南孔氏堂
江南孔氏堂，也称江南孔庙，是位于漆桥村的一座重要的孔庙，该孔庙始建于明朝，历经多次修缮和扩建，是漆桥村孔子文化的象征和村庄的重要历史遗产之一。

孔氏宗祠
孔氏宗祠，内部设有舞台，大型长凳以及零散座椅，是村民主要的集散休息场所之一。但是近年来演出活动减少，舞台弃置，导致其难以再继续宣扬文化，传递精神，需要得到更新激活。

村民活动中心
村民活动中心是漆桥村社区的一个重要设施，旨在为村民提供文化娱乐、体育等多方面的活动场所和服务。但目前设施比较缺乏，难以满足村民生活需要。

娘娘巷
江苏省南京市高淳区漆桥村娘娘巷位于高淳区东南部，漆桥村娘娘巷的历史可以追溯到明朝，至今已有上百年的历史，供奉娘娘的娘娘庙，是漆桥村的信仰中心。

街巷整治措施
修缮古驿道：北街、南街。

建筑整治措施
维修古民居：孔德秋民居、孔来金民居、孔详强民居、孔新保民居、孔新龙民居、孔秋华民居、孔年伢民居、孔广金民居、程启玉民居、孔详玉民居、孔老头民居、孔令炳民居、孔德义民居、孔德宽民居、孔详锦民居、孔天寿民居、孔详侃民居；
维修宗祠：孔氏宗祠、迎六公祠。

河道整治措施
漆桥村原本环绕古村的水系被切断。各河段每天都会有相关人员对河道内漂浮物、河道阻水物、水生杂草和河岸垃圾进行清理，每天分工分段对河道进行多轮次巡查治理。

桥梁整治措施
修缮古漆桥及各分段河流的小桥。

2013 北街

北街 2023

2013 孔来金民居

孔来金民居 2023

2014 保平井

保平井 2023

2013 漆桥

漆桥 2023

村落篇
08 漆桥

村民问卷

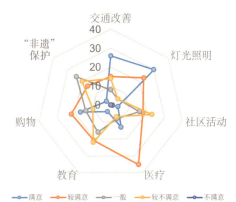

游客问卷

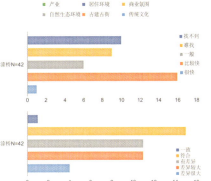

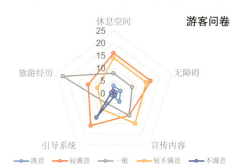

经营者问卷

1968 漆桥卫星图

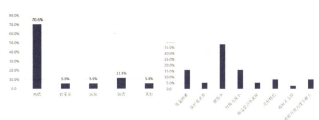

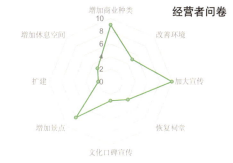

2023 漆桥卫星图

典型保护利用项目	投入资金（万元）	资金来源	目前用途	年份
公厕改造	45	财政拨款	公共服务	2017
消防泵站改造	138	财政拨款	消防管理	2018
西侧梅花基地	25	财政拨款	旅游	2018
文物保护单位修缮	90	财政拨款	旅游	2019
危房修缮	60	财政拨款	公共服务	2022
卫生环境	42.7	财政拨款	-	2022
老街规划设计	29.8	财政拨款	-	2022
……				

（数据来源：据镇、村领导问卷访谈等不完全统计）

现代化进程中的传统村落
——2023江苏历史文化名村调查

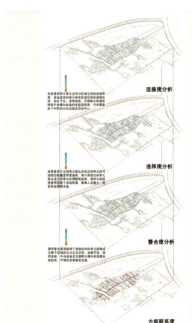

连接度分析

选择度分析

整合度分析

古街联系度

在调研过程中，团队采用了无人机倾斜摄影三维建模，对村落整体形态样貌有了较为精确的了解，并根据现场调研数据同步进行村落工作模型建模。同时使用软件对可进入巷道进行记录，实地考量道路通达性及整合度，后根据记录数据进行村落道路空间句法计算。

村落篇
08 漆桥

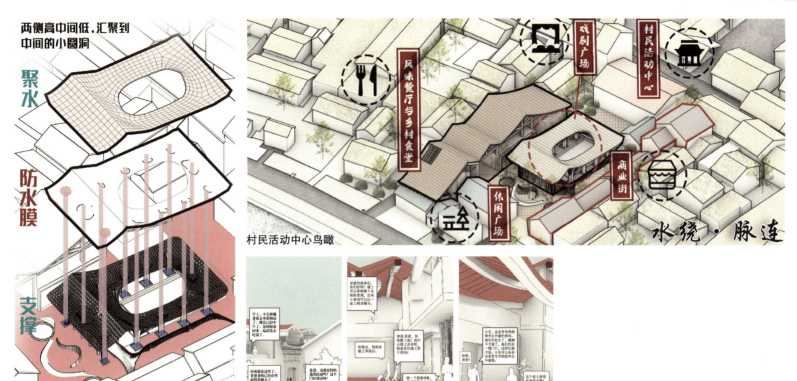

两侧高中间低,汇聚到中间的小圆洞

聚水
防水膜
支撑

戏剧亭分层结构

村民活动中心鸟瞰

水绕·脉连

民宿节点人视

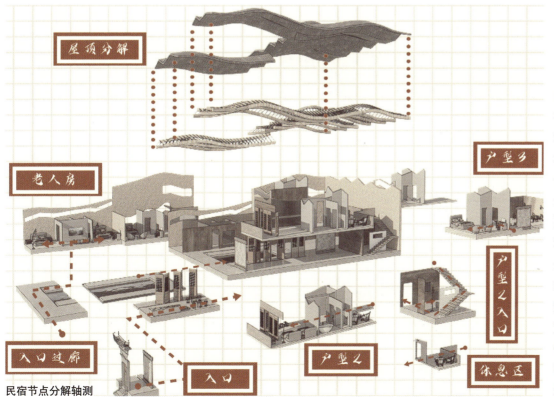

民宿节点分解轴测

漆桥村作为孔子后代历久生活的村子,自古以来就依水而生,舟楫往来不断,商贾川流不息,但如今的漆桥却人烟稀少、破败不堪。为复兴漆桥的商业辉煌、水脉纹路与孔氏文化,设计拟将漆桥村整体河道恢复联通,以"水"活村。团队以孔子周游列国的路线为线索,活化漆桥水系沿程环境,拟建造游客码头与居民码头,让游客近距离与水接触,了解儒家水文化。同时利用水上花灯与水上集市增加水上活动的活力;通过改建、扩建村民活动中心为当地居民提供一个更好的生活环境。配套设置民宿供游客及附近乐游者休憩、体验,最大程度渗透漆桥的悠久历史文化。

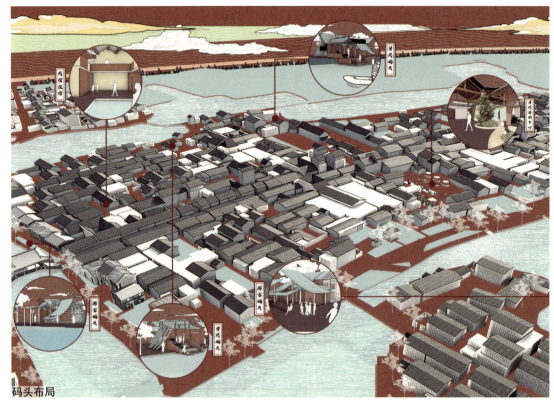
码头布局

专家评语

作品关注多元视角下呈现的漆桥，梳理了整个漆桥村的乡土变迁，发现中心街区因为旅游和周边居民区域存在一定的断档，提出"水绕·脉连"的设计理念，设置水上旅游路线，恢复周边水路交通，以不同的建筑物（传统民居更新、村民活动中心新建、家庭式民宿等）、构筑物（亲水埠头增设、公共空间场所塑造等）更新，加强主街和周边区域的交流，推动商业街的再生，激发巷道活力，打破主街与周边环境隔阂。基于乡村调查的漆桥活化设计，致力于打造居民以舒适生活及建筑特色为傲，游客以商业氛围及水上游园为乐的文旅融合型村落。

（钟晟 江苏省城镇与乡村规划设计院有限公司执行董事、总经理）

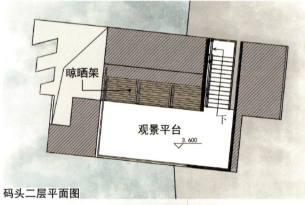
码头二层平面图

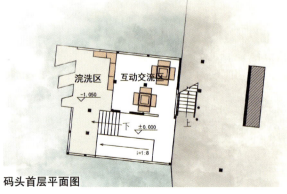
码头首层平面图

码头效果图

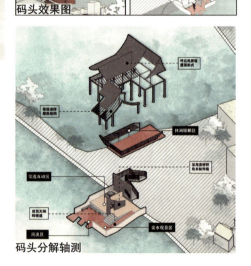
码头分解轴测

09 余 西

南通大学
艺术学院（建筑学院）

指导教师
徐永战　范占军

学生成员
周汉颖　张雨洁　赵雪梅　唐圣淇
王东玥　贾倩倩　刘　迪　王　颖
徐乐宇　吴安琪　罗珍威　冯家堂

南通市通州区二甲镇余西社区余西，地处江苏省南通市通州区东南部。余西于2013年入选第七批江苏省历史文化名村，2014年先后入选第六批中国历史文化名村、第三批中国传统村落，2020年入选首批江苏省传统村落。余西自古代以来，格局没有太大变化，一直维持着"8"字形水系与"工"字形街巷的空间格局。直到2002年油厂填平二河，新建了余西油厂路，余西格局变为外环水系与"王"字形街巷的空间格局。通过上级政府拨款，先后修建东高桥、西高桥等多座桥梁，整修部分外围路网河道。

我们通过实地调研、问卷访谈发现，村子目前存在旅游业匮乏，古建修缮缺乏资金，基础设施落后，配套休闲服务设施和村民活动空间欠缺，村落传统文化保护和利用待加强。

基于村落中大量存在的失落空间和废弃建筑，影响乡村空间活力。设计以失落空间和废弃建筑作为研究对象，以地域文化为切入点，重点分析活化再生的可能性，并通过调研梳理余西古村落空间需求及文化属性，从三个角度提出相应的设计方案。第一，结合规划公园地块，设计一户外活动场所，在设计概念上基于盐晶和布坊的历史传统，根据居民需求，体现古村文化，增加邻里交往的空间和活动空间。第二，结合废弃建筑进行民宿设计，活化设计理念分为三个层次四个方面，在精神层面为唤醒人们对乡村的记忆；在文化层面既是唤醒乡村历史文化财富又是唤醒农村当地的文化符号；在物质层面为使乡村遗存的旧址材料再次获得生命，提升旅游设施需求。第三，结合既有工业遗产性质设计一戏台，以心桥戏苑为意象，跨越戏曲与年轻人的距离、村民与游客、古戏台与现代观演需求的距离，重塑旧时热闹场景，以期为乡村地域文化传承与复兴、乡村空间设计提供一些借鉴和思考，回应居民和旅游者诉求。

现代化进程中的传统村落
——2023 江苏历史文化名村调查

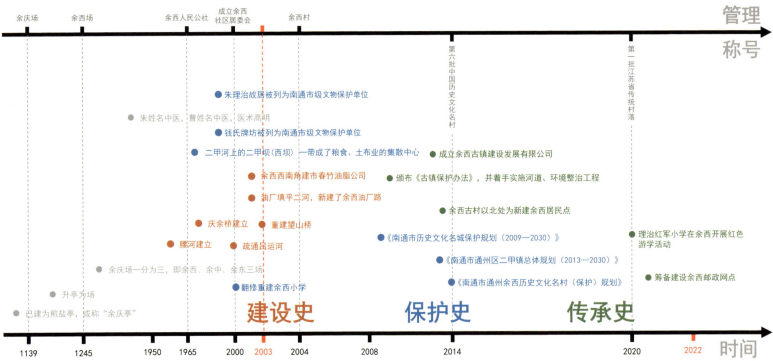

南通市余西古镇是第六批中国历史文化名村之一，地处南通市通州区二甲镇，成陆早于周边，始建于唐代，历尽千年沧桑，城墙几废。村子里有钱氏牌坊、朱理治故居等2处市级文物保护单位，7处历史建筑，41处传统风貌建筑，由18条弄子组成的街巷网络，20棵有价值的树木，古井7口。历史水系丰厚，呈现"村–水–田"的自然环境格局。

村落篇
09 余 西

杜谊茂绸布庄
位于钱氏牌坊南侧，前店后宅，前店六界穿斗，中间四界设置为两层，仅在六界进深的中间设柱子一根。上层为穿斗式四界进深。后宅为两层建筑，面宽三间。

钱氏牌坊
节孝牌坊位于余西古镇龙街，建造于乾隆二十六年（1761），它是一座两柱的单门式牌坊，上部层叠的坊顶及云龙纹雕饰，非常精美。

朱理治故居
朱理治故居是余西古镇传统民居，以院落为核心组织空间，典型的平面型制，为三开间。2017年进行修缮。

曹善哉故宅
位于龙街西街交口处，仅存正房一座，面阔三间，进深六步架，穿斗式梁架，当心间凹进，留有格扇窗，梁架保存较好，有精美雕花。

曹金波故宅前院
位于龙街北段西侧临街，原为余西地主曹金波故宅院，前后两进，均为硬山建筑，正房面阔三间，进深六步架，穿斗式构架，梁下有月梁和雕刻。

朱晋元故宅
现存建筑群包括：朝东建筑一座，倒座和当铺。朝东建筑为面宽五间，进深六界硬山建筑，结构为四届穿斗前后割牵，东面檐廊，廊下轩梁雕刻以民间故事为题材的浮雕。山墙为观音兜。

张云程故宅
位于余西油厂路北侧，该建筑群由东西两路组成，东侧由门楼正房组成，门楼为蛮子门；西侧建筑为三合院，由东西厢房与正房组成。

姜子才故宅
位于龙街原五金配件厂内，目前仅存两层硬山建筑一座，面阔三间，进深六步架，挑檐檩下施皿斗，斜撑有精美雕刻。

河道整治措施

保护河道两侧历史建筑与滨水空间，保持河道两侧错落有致的建筑轮廓。保护沿线树木、桥梁、驳岸码头等历史环境要素。

桥梁整治措施

完善排水系统，加固桥梁建筑，清除河道、垃圾等污染物，防止虫害滋生。

2009 东高桥

2023 东高桥

2009 运盐河

2023 运盐河

村落篇
09 余 西

村民问卷

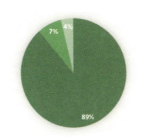
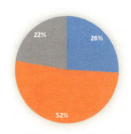
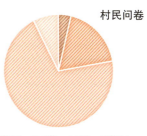

■ 常年居住（每年超过6个月） ■ 偶尔居住（1-6个月） ■ 常年在外　■ 1.0万元以上 ■ 1.0万-2.5万元 ■ 2.5万元以上　■ 18岁及以下 ■ 19-60岁 ■ 61-80岁 ■ 80岁以上

1966 余西卫星图

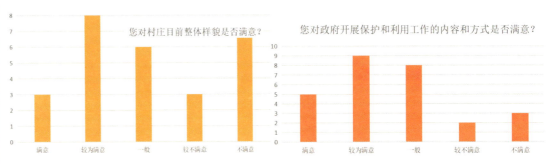

您对村庄目前整体样貌是否满意？

您对政府开展保护和利用工作的内容和方式是否满意？

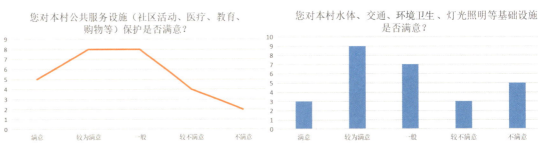

您对本村公共服务设施（社区活动、医疗、教育、购物等）保护是否满意？

您对本村水体、交通、环境卫生、灯光照明等基础设施是否满意？

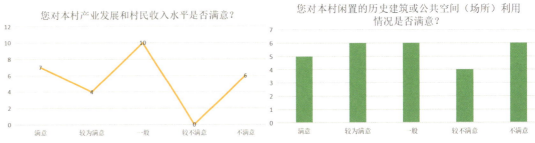

您对本村产业发展和村民收入水平是否满意？

您对本村闲置的历史建筑或公共空间（场所）利用情况是否满意？

2022 余西卫星图

典型保护利用项目	投入资金（万元）	资金来源	目前用途	年份
桥梁与河道整治	800	财政拨款	-	2014—2015
节孝牌坊	-	财政拨款	-	2016
新建公厕	-	财政拨款	-	2016
新建村民委员会办公楼	-	财政拨款	-	2016

（数据来源：据镇、村领导问卷访谈等不完全统计）

为了更深刻体验余西古村落的传统空间格局与历史建筑风貌，调研小组采用钢笔画形式进行街巷、建筑、细部的描绘和观察，一方面作为与他人沟通和交流的重要方式与途径，另一方面为设计概念的推进提供了线索。

村落篇
09 余西

浣布煎盐鸟瞰

浣布煎盐
心桥戏苑
再生民宿

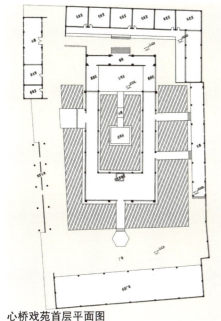
心桥戏苑首层平面图

浣布煎盐人视

心桥戏苑鸟瞰

浣布煎盐位于南通市余西村东南临河处。设计将余西村独有的盐场文化和布坊文化纳入广场内。余西村所属二甲镇是蓝印花布的技艺传承地之一，曾有繁盛的布匹贸易。平面设计上，在广场内设计了盐晶文化构筑物、布坊景观组合、盐晶主题健身广场三个景观节点。

心桥戏苑地处余西村龙街中部，古时水运发达，贸易繁荣，曾有戏台立于此，这里曾是一个休憩聚集场所，故选址在此重新搭建戏台。跨越距离为愿望，构架心桥为意象，我们设计了以桥相连的主、次舞台，并以桥作为观演区和外围游憩区的连接手段。

再生民宿设计理念为"再生"，顾名思义再次获得生命，换言之"唤醒"。对选址进行调研发现，现状问题最主要的还是生活需求方面的困难，当地的工作岗位不多，人们主要依靠自给自足来支撑生活，因此，此地未来发展中民宿的设计对增加工作岗位，保障居民基本的生活，引流留客有着重大意义。

心桥戏苑东西向剖面图

心桥戏苑南立面图

再生民宿人视1

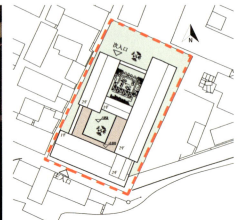

再生民宿总平面图

再生民宿人视2

再生民宿人视3

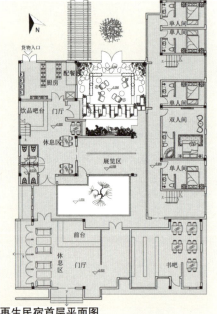

再生民宿首层平面图

专家评语

项目进行了全面的分类调研，收集分析了村民、游客、经营者等多渠道的保护利用意愿；建立了历史建筑、构筑物及基础设施的详细档案，并比对了修缮前后状态及工作组织、资金利用情况；梳理了余西村的乡土变迁，总结提出文化传承、产业经济、公共设施等方面的现状问题，进而针对性提出了再生民宿、心桥戏苑、浣布煎盐文化广场3个项目的活化设计方案，力图支持余西村的旅游文化产业发展，提升村落公共生活质量和经济发展水平，激发村落活力。具体设计中反复比较选址，注重历史主题挖掘和一定的考据，尽可能利用河道水体等自然景观资源，活用传统图案、材料等，对于村落激发空间活力、传承民俗文化具有示范意义。

（夏健 苏州科技大学苏州国家历史文化名城保护研究院院长、教授）

再生民宿A-A剖透视图

再生民宿西立面图

10 杨 柳

南京工业大学
建筑学院

指导教师
郭华瑜　方遥

学生成员
马腾宇　丁兆淳　王祺　张浩然
李　清　吴建文　徐宇辰　朱妍
潘亚威　刘倩　李宗港

南京市江宁区湖熟街道杨柳湖社区杨柳于 2013 年先后入选第七批江苏省历史文化名村、第二批中国传统村落，2014 年入选第六批中国历史文化名村，2020 年入选首批江苏省传统村落。近 20 年的发展中，村庄整体上格局没有变化太多，通过上级政府拨款、村级筹资和民资参与三条途径，村庄主要对西侧"九十九间半"杨柳村古建筑群进行保护修缮和旅游开发改造工作。从 2004 年以后，村庄开始进行一系列的保护规划，并伴随着重点文物保护修缮以及活化利用。2014 年往后的工作也开始更加关注居住生活环境以及基础设施和配套完善方面。

通过实地调研、问卷分发、实地测绘，我们总结了村子里存在的几点问题。首先，格局风貌保护方面需要系统地、完整地对三堂上以外各堂保护修缮，强化非物质文化的保护与传承；其次，社区、经营性公司、科技园管理矛盾冲突，产权不清晰等问题导致历史建筑保护、更新活化等许多诉求难以实现；最后，旅游虽然带来一定的优势，但是没有完全带动村庄发展，目前集中在"九十九间半"和周边的展示体验，村庄其余部分的建设发展和村民基本需求还是有所疏忽，且旅游参观的配套服务目前缺失，无法给游客提供一个完整的旅游服务体验。

我们希望能够重新活化村内的民宿，既满足旅游服务的需求，又可以重新利用民居展示新的特色古村落风貌。我们基于此提出了初步策略与意向：依托"九十九间半"明清建筑群、杨柳湖风情区和特色农庄，进行优势资源互补，将建筑与民宿有机结合进行改造，创造集住宿餐饮、休闲康养、娱乐交流、农产品展示零售等主题功能于一体的多功能新时代特色乡村民宿。功能使用上，简化空间体块形式，进行功能置换；立面材质上，既有修旧如旧，又有创新，寻古溯今；公共空间上，改善内部空间，塑造特色节点，比邻共享。

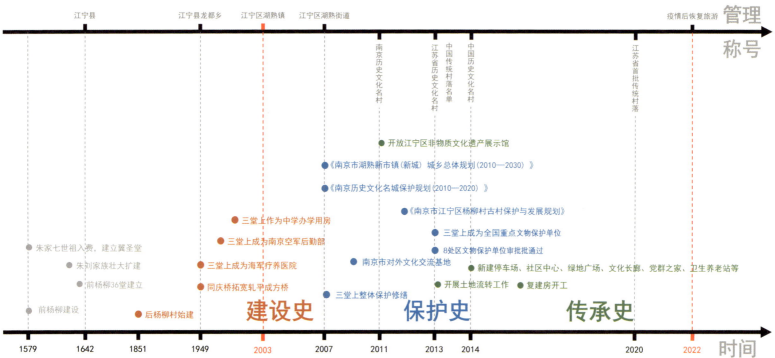

杨柳村位于江苏省南京市江宁区湖熟街道境内西北，村内目前有1处全国重点文物保护单位，8处区级文物保护单位。村庄的空间演变经历了从"近水筑屋"到"沿路扩展"再到"围水建房"的过程。原来的宅院之间间巷，全部以青石板铺路，条石为阶。古时有"青石墁地石门楼，走进杨柳不沾泥"说法。

杨柳村古建筑群始建于明清，留下了很多历史文物古迹、民间传说、当地人文特色。而一个个自成体系的独立宅院，也就是"堂"，从最早明朝的翼圣堂和三槐堂，经过各大家族的壮大扩建，形成"36堂"的格局。杨柳村古民居建筑群是南京市最大最完整的明清古民居群，具有相当高的历史文化价值。

慎德堂
地点：杨柳村中部　　级别：区级文物保护
建筑年代：清代　　　院落布局：南北进院落
建筑质量：好　　　　建筑层数：一层

敦本堂
地点：杨柳村中部　　级别：区级文物保护
建筑年代：清代　　　院落布局：南北进院落
建筑质量：差　　　　建筑层数：一、二层

崇厚堂
地点：杨柳村中部　　级别：区级文物保护
建筑年代：清代　　　院落布局：南北进院落
建筑质量：部分好，　建筑层数：一、二层
部分差

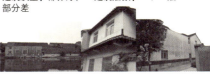

翼圣堂
地点：杨柳村中部　　级别：区级文物保护
建筑年代：明代　　　院落布局：南北进院落
建筑质量：差　　　　建筑层数：一、二层

敦朴堂
地点：杨柳村中部　　级别：区级文物保护
建筑年代：清代　　　院落布局：南北进院落
建筑质量：差　　　　建筑层数：一层

铭馨堂
地点：杨柳村中部　　级别：区级文物保护
建筑年代：清代　　　院落布局：南北进院落
建筑质量：差　　　　建筑层数：一层

三堂上
地点：杨柳村西头　　级别：全国重点文物保护
建筑年代：清代　　　院落布局：三进南北向
建筑质量：好

思怡堂
地点：杨柳村中部　　级别：区级文物保护
建筑年代：清代　　　院落布局：南北进院落
建筑质量：好　　　　建筑层数：二层

四本堂
地点：杨柳村中部　　级别：区级文物保护
建筑年代：清代　　　院落布局：南北进院落
建筑质量：部分好，　建筑层数：一、二层
部分差

街巷整治措施

部分沿街商店改造；

清理不协调贴面；

部分门、窗建筑构件更新；

部分巷道铺地更新为石板路、砖头路；

大巷结合铺地整治实现管线落地。

建筑整治措施

民居修缮：修复传统民居，对立面、内部、周边进行改造；

活化利用：对三堂上、朱氏宗祠及周边建筑进行改造活化，用作文化展览、商业旅游配套等。

河道整治措施

恢复历史河塘：重点治理行塘，清淤疏浚、种植荷花；

驳岸整治：建造码头、亲水平台、亭子、配套商业服务。

桥梁整治措施

历史原因同庆桥轧平拓宽，由原来的拱桥变成方桥。

2014 粉坊巷

粉坊巷 2023

2014 达家塘

达家塘 2023

2014 行塘

行塘 2023

2007 三堂上

三堂上 2023

村落篇
10 杨 柳

村民问卷

性别比例

- 男 52%
- 女 48%

受教育程度
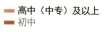
- 高中（中专）及以上
- 初中

年收入

- 2.5万元及以上
- 1万–2.5万元
- 1万元以下

年龄结构

- 19–60岁 96%
- 61–80岁 4%

对维修完成的历史建筑用途选择情况

- 自住 17.24%
- 出租 6.9%
- 民宿 31.03%
- 文化展示活动 41.38%
- 经营商铺 3.45%
- 空置 0
- 其他 0

职业情况

- 企事业单位
- 农民
- 其他
- 工人
- 灵活就业

在村内居住时间

- 常年居住（每年超过6个月）
- 偶尔居住（1–6个月）
- 常年在外（每年不超过1个月）

对村庄目前整体样貌满意情况
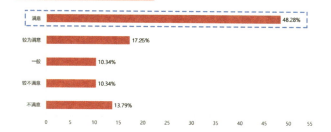
- 满意 48.28%
- 较为满意 17.25%
- 一般 10.34%
- 较不满意 10.34%
- 不满意 13.79%

对保护、修缮相关政策了解情况

- 十分了解
- 一般了解
- 不了解

对政府开展保护和利用工作的内容和方式方法满意情况

- 满意 44.83%
- 较为满意 17.23%
- 一般 24.14%
- 较不满意 6.9%
- 不满意 6.9%

愿意维修自家损毁历史建筑情况

- 非常愿意，并严格遵循历史文化保护要求修缮
- 愿意，但按照自己的意愿维修
- 无保护维修意愿，继续维持原貌
- 无保护维修意愿，拆除建新房

1966 杨柳卫星图

2021 杨柳卫星图

典型保护利用项目	投入资金（万元）	资金来源	目前用途	年份
"九十九间半"杨柳村古建筑群保护	2100	政府拨款	展览	2007—2008
土地水域流转工作	3580	民资参与	–	2013
公共设施建设投入（交通建设部分）	5000	政府拨款、民资参与	–	2014
居家养老服务站	160	民资参与	–	2019
复建房	5700	民资参与	–	2017—2020
新建文明实践站、退役军人服务站、文化长廊	–	–	–	2019

（数据来源：据镇、村领导问卷访谈等不完全统计）

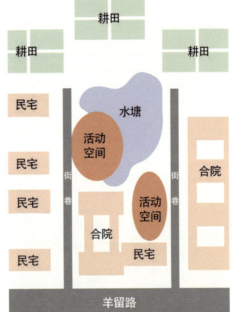

工作组成员共同前往杨柳村当地的杨柳湖风景区，参观江宁区民俗博物馆及非物质文化遗产展示馆；重点调查发展较好的"非遗"项目展示群示范点区域，完成基本数据调查；完成现场的整体航拍、街道节点和村民日常活动的照片拍摄。

村落篇
10 杨 柳

比邻共享
寻古溯今

鸟瞰1

人视1

二层平面图

人视2

首层平面图

场地选取：前杨柳村35-1号民居，占地面积约1000平方米。

问题解析：建筑功能单一，空间狭窄昏暗；建筑形式奇怪、主立面形式突兀，局部风貌较差；内部环境杂乱，随意搭建置物。

设计策略：将建筑与民宿有机结合进行改造，打造集住宿餐饮、休闲康养、娱乐交流、农产品展示零售等主题功能于一体的多功能新时代特色乡村民宿。

总平面拆除违建，体块调整，画零为整。平面功能置换，整改立面。寻古：运用杨柳村的建筑符号（普通硬山顶、青砖、花格窗等）。溯今：在传统上创新为现代人字坡，采用局部木装修，梁架外露，增加层次。

鸟瞰2

1-1 剖面图

专家评语

项目体现了一种自上而下的设计策略，从全面分析村庄自然山水格局、深入探究村庄历史起源和有针对性地调查村庄传统建筑风貌入手，较为系统地梳理了村庄发展的内在机制和特色成因。通过深入细致的问卷调查，充分了解村民的生活诉求，理解基地的特殊性和更新改造可能面临的问题与挑战。项目组在此基础上开展设计，不仅关注到人的使用特点，同时也致力于传承具有特色的传统风貌，对于保护村落的文化遗产和提升居民生活质量都至关重要。设计中最大的亮点在于将传统建筑元素与现代生活功能较好地结合。这种现代演绎的方式既保留了传统建筑的韵味，又赋予了建筑新的生命力。室内空间与室外空间的相互打通，增强了人与环境的互动，实现了设计与功能的整体协调。

（刘志超　江苏省规划设计集团城市更新规划设计院总设计师）

北立面图　　南立面图

东立面图

鸟瞰3

11 杨 桥

扬州大学
建筑科学与工程学院

指导教师
张建新　郭燏烽　洪小春

学生成员
崔　敏　陈　卓
韩　婧　史钰洁

常州市武进区前黄镇杨桥村杨桥于 2013 年入选第二批中国传统村落，2017 年入选第八批江苏省历史文化名村，2019 年入选第七批中国历史文化名村，2020 年入选首批江苏省传统村落。此次调研与活化设计的目的是加强对杨桥传统村落的保护，维持村落的传统风貌，保护丰富的传统资源，继承与弘扬传统文化，实现杨桥传统村落整体的、真实的、可持续的保护与活态传承，同时改善村民的生活水平，提升其发展能力，实现保护与发展的相互促进和良性循环。

但随着城镇化进程的加快，杨桥村逐渐失去活力，人口空心化、房屋受损等现象严重。从 2000 年以来，杨桥村的优秀历史文化逐渐没落，村中多是风烛残年的老人，虽在 2013 年成功申请到中国传统村落的头衔，但是众多需要保护的破损古建、非物质文化遗产、道路修补、排水路灯等需要大量金钱投入的项目，每年的市补助金杯水车薪，更有拨款无法下发的问题。杨桥村 2012 年的年收入约 120 万元，之后平缓增长，2022 年年收入达 270 万元左右，预计 2023 年能够达到 300 万元。在动辄上亿的古镇规划修复面前，这样的年收入也让村集体非常为难。

扬州大学师生团队深入腹地，调研走访杨桥的实际情况，精准把握核心问题，建议用渐进式的更新推动当地的经济发展，将村中不起眼的观音浜前地块作为活化设计对象，通过恢复乡戏观演空间、城隍阁以及滨水覆廊，重新强化传统空间格局与秩序，使得整个杨桥再现了旧时繁华而充满活力的公共活动空间。

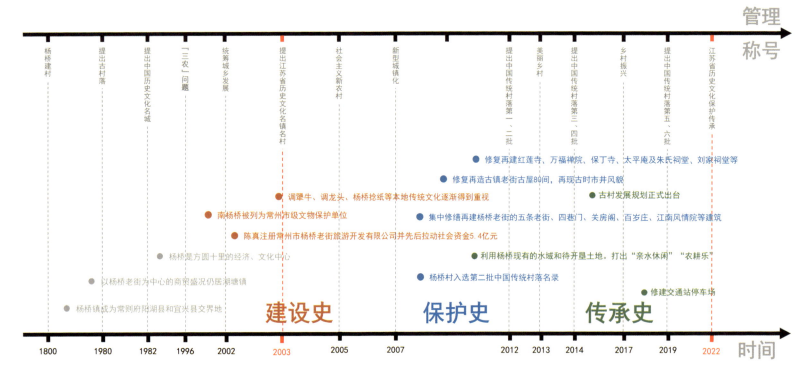

　　杨桥村——枕河而居、古朴风雅的江南水乡，依水而建、傍水而造的传统村落，与水系河道相依相生。村落内水网交织。石桥处处，布局灵活空间丰富，主要街巷的走向、院落的排布都与水系有着密切的联系，呈现出"小桥流水人家"的水乡风光，具有典型的江南水乡特色。

　　杨桥村传统民俗文化种类繁多，历史悠久，根植于传统生活之中，为群众喜闻乐见，在杨桥及周边地区广为流传，使得其非物质文化遗产具有周边地区不可比拟的特色。目前，以调犟牛、杨桥捻纸、杨桥庙会等为代表的一批非物质文化遗产已经列入市级非物质文化遗产名录。

村落篇
11 杨 桥

交通站

硬山式砖木结构，前后两进，头进6檩相连2间的阁楼，后进4檩2间，现已成为红色交通站纪念馆。

堵宅

硬山式砖木结构，保存较好，在2010年经过装修成为饭店，后因经营不利倒闭，现已空置。

南杨桥

始建于明代，清康熙、道光重修。单拱环洞桥，全长14.4米，南向、北向分别各有11级和15级石阶。

关圣阁

明代建筑，三面开间，正门朝北，阁内供奉关公雕像，现主体结构保存较好，内部堆砌杂物。

杨桥戏院

清代建筑，里脊飞檐，后增加马头墙做法，现空置。

洪家大院

明代建筑，砖木结构硬山式三进房屋，主体结构保存良好，现空置。

百岁庄

建于民国初年，硬山式砖木结构，东西长28.8米，南北进深43米。现阔8间，其中西侧4间已改建，东侧4间维持原貌。

113

街巷整治措施

修缮一街六巷：紫石街、韩家巷；

修缮三座牌坊：会元坊、解元坊、探花坊。

建筑整治措施

维修古民居：遂高堂、惠和堂、宝俭堂等古民居；

维修宗祠：王家祠堂、张家祠堂。

2014 杨桥老街　杨桥老街 2023

2014 关圣阁　关圣阁 2023

2014 张仙浜　张仙浜 2023

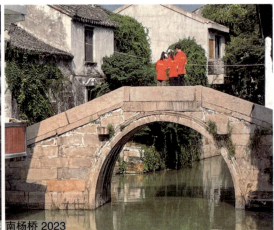
2014 南杨桥　南杨桥 2023

村落篇
11 杨 桥

村民问卷

1966 杨桥卫星图

2022 杨桥卫星图

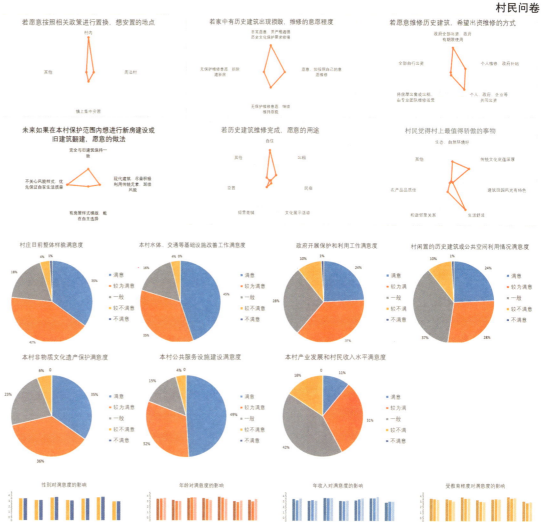

典型保护利用项目	投入资金（万元）	资金来源	目前用途	年份
关圣阁等配套设施	65	社会资本	庙堂	2008
杨桥戏楼等配套设施	69	社会资本	戏楼	2008—2013
太平庵等配套设施	72	社会资本	寺庙	2008—2013
百岁庄等配套设施	61	社会资本	住宅	2008—2013
商业建筑	1869	社会资本	商业	2008—2013
文化展览建筑	1394	社会资本	文化	2008—2013
牧斋园	10	财政拨款	住宅	2014—2022
……				

（数据来源：据镇、村领导问卷访谈等不完全统计）

现代化进程中的传统村落
——2023江苏历史文化名村调查

杨桥捻纸

捻纸照片

捻纸传承人朱琪

杨桥庙会　　调犟牛

三十六行

太平庵
太平庵客堂
重建城隍阁(戏台)
修复廊街
恢复戏院
戏院广场
原有庵前浜(观音浜)
新建滨水走廊
太平桥
恢复大栅栏

从太平桥看城隍阁

杨桥村观音庵庵前广场-太平桥地段，作为传统水乡的宗教、戏曲文化、商业服务空间，空间序列层次丰富，尺度适宜，广场与村落空间水陆渗透融合。通过空间梳理，底界面材质的丰富化，形成不同的空间领域，恢复城隍阁戏台作为空间焦点，同时恢复记忆中的杨桥老戏院，作为戏曲文化体验与传承的舞台。通过灰空间的创造，给村民和游客提供了安全舒适的交往空间，产生了村民-游客、人-水、建筑-文化等要素的双向多重激化，刺激活动发生，吸引人流、物流、资金流进入传统村落公共中心，具有成为村落活力中心的潜力。

扬州大学深入了解当地非物质文化遗产，为"非遗"传承者朱老先生拍摄VLOG，并动手参与捻纸工艺等。

村落篇
11 杨 桥

城隍庙会

鸟瞰

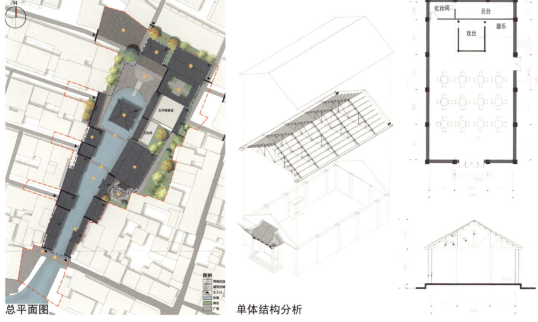
总平面图　　单体结构分析

设计通过空间梳理，丰富底界面材质，形成不同的空间领域，通过构建的水心亭营造为空间焦点。将重建的杨桥老剧院作为戏曲文化体验与传承的舞台。创造室内外以及灰空间的多元层次，给村民和游客提供安全舒适的交往、赏戏空间，刺激活动发生。

渐进式的更新也会使杨桥村的经济在今后持续发力，四两拨千斤，适宜的人群聚集空间自然会吸引商铺的入驻，两者相辅相成，商铺同样有聚集人流的效果，最终形成一种正反馈、正循环，吸引人流、物流、资金流进入传统村落，以达到活化设计的核心目标，为杨桥村的经济上足发条。

天心阁人视1

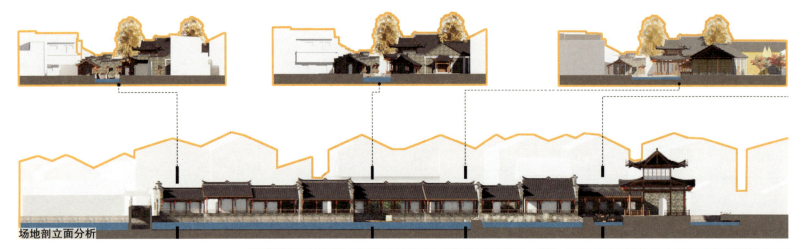

场地剖立面分析

专家评语

设计团队选取核心保护范围内观音浜作为设计切入点，以"城隍庙会"为主题。在太平庵前广场和太平桥地段增加了廊、亭等构筑物，作为杨桥村戏曲文化和商业服务的地方。与此同时，他们还恢复了城隍阁戏台和杨桥老戏院，以促进传统文化的传承和发展。为此，同学们建造了大量的模型，以进行空间解读和分析。从呈现效果来看，新设计区域的建筑风格和空间形态与古村较为和谐，模型精致细腻，并且起到一定的遮挡作用，可以遮挡观音浜两侧杂乱的地块。然而，设计方案过于密集，造价较高。同时，受限于核心保护范围的管控要求，这样大规模的建设实施可行性较弱。建议下一步可以结合周边场地进行优化，例如沿河减少部分建筑，加强与绿地空间和文化空间的联动。部分空间可以增加竹廊、绿化和铺地设计，通过小品和绿化植物来融入地方特色的文化空间，提升区域品质。

（高朝暄　中国建筑设计研究院城镇规划院历史文化保护规划研究所所长助理）

天心阁人视2

滨河敞廊人视

剧院前广场人视

观音浜人视

12 沙 涨

常州工学院
土木建筑工程学院

指导教师
常 征 薛 垲

学生成员
高新元 张伟晨 胡雪琪
刘 帆 向新丽 刘 璇

常州市溧阳市昆仑街道沙涨，位于江苏省溧阳市东部，村内居民以偰姓为主。村子距今已有700多年的历史，在这里有一个国内罕见的古代少数民族官吏大型墓葬群。村庄整体呈现"古村、古墓、古居、古河、古树、古姓"的特征。村内仅一处江苏省文物保护单位，合剌普华墓。村内其他22处明末清初时的、具有历史风貌的建筑，由于长时间处于无人打理的状态，许多早已损坏严重，埋没于杂草之中。村内现存1座古桥、2处古码头。2013年，申特钢铁厂污染事件，导致全村搬迁，现如今已成空村。沙涨于2017年入选第八批江苏省历史文化名村，2019年先后入选第七批中国历史文化名村、第五批中国传统村落，2020年入选首批江苏省传统村落。

我们针对沙涨村的历史建筑进行调研，由于未实施保护规划，所有历史建筑均未进行修缮，很多建筑的变化是更加破败。由于村民已全部搬迁，我们只能前往村民安置小区进行问卷调查及访谈，并通过加入村民微信群等方法发放电子问卷，取得符合预期的问卷样本数量。

对于沙涨村，我们发现以下几点问题：①由于保护规划未实施，码头、历史建筑损毁严重，亟待保护修缮；②由于多数村民已于10年前另行安置搬迁，多数村民尤其是年轻人对于村子的未来并不关心。保护规划实施后，可持续地吸引村民回迁的举措尤为重要；③村民具有较强的宗族观念，每年清明、重阳等节日村民要回村举行祭祀等活动，村子里缺乏设计良好的外部公共空间。

回望沙涨村这些年的历程，保护发展的脚步停滞不前，村庄荒芜、缺乏活力，我们期待对沙涨村的保护建设能够提上议程，将当地独具特色的生态自然、农耕文化、宗族文化等要素融合，赋予新时代的活力，一展独特风貌。

现代化进程中的传统村落
——2023 江苏历史文化名村调查

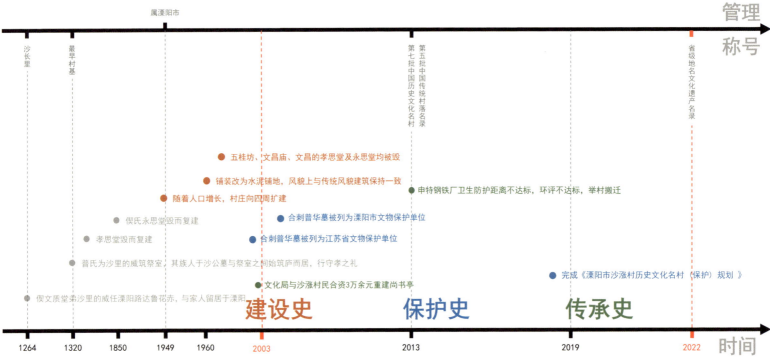

沙涨村位于江苏省溧阳市昆仑街道，村内居民以偰姓为主。村子距今已有700多年的历史，在这里有一个国内罕见的古代少数民族官吏大型墓葬群。村庄整体呈现"古村、古墓、古居、古河、古树、古姓"的特征。

村落篇
12 沙 涨

合剌普华墓园

省级文物保护单位，位于沙涨村西，坐东向西。墓区呈东西长、南北窄的长方形，占地面积约3000平方米，地处高岗。原墓早年被毁，今存合剌普华墓志铭及志盖，安放在尚书亭内，合剌普华墓前直立文武官石像各一对。

普家码头

位于西大巷南侧沙溪河北岸，始建时间不详，清光绪丙申年（1896）修撰的《普氏家乘》之"大坟图"已将其列入。码头为条石铺设，条石当中也有不少明清时期的墓碑，历史上曾是重要的货运码头。

大码头

位于祠堂巷南侧沙溪河北岸，始建时间不详，为条石铺设，条石当中也有不少明清时期的墓碑，是沙涨村重要的河运码头，历史上曾是重要的货运码头。

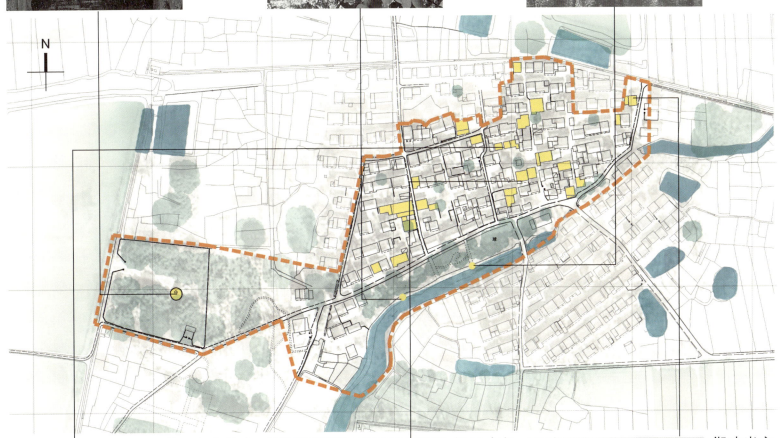

阮晓英宅

沙涨村80号背面第四间俱氏宅（阮晓英），属于传统风貌建筑，现状屋顶已经坍塌，无人居住。

偰吕才宅

沙涨村129号，属于传统风貌建筑。现状屋顶已经坍塌，无人居住。

偰建光宅

沙涨村67号北面。属于传统风貌建筑。建筑破损严重，无人居住。

建筑整治措施

修缮保护合剌普华墓。

2015 牌坊　牌坊 2023
2003 墓道　墓道 2023
2019 75 号傒氏宅　75 号傒氏宅 2023
2019 129 号傒氏宅　129 号傒氏宅 2023

村落篇
12 沙涨

村民问卷

2010 沙涨卫星图

2023 沙涨卫星图

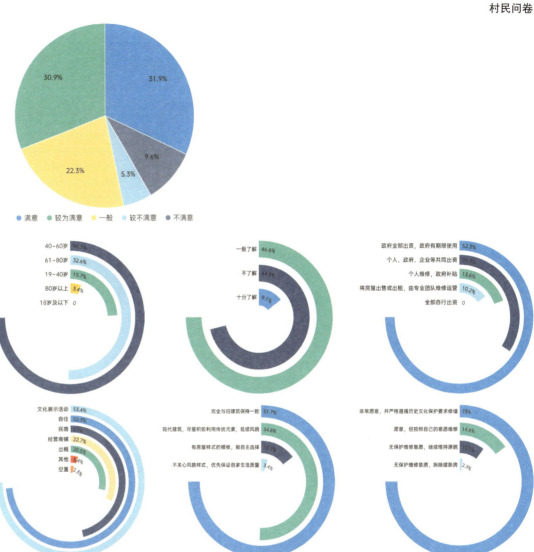

典型保护利用项目	投入资金（万元）	资金来源	目前用途	年份
合剌普华墓	75	政府拨款	墓地	2015
沙涨村 120 号 倪氏宅修缮	-	-	-	-
大礼堂、老年室 活化利用	-	-	-	-
古树名木维护	-	-	-	-
……				

（数据来源：据镇、村领导问卷访谈等不完全统计）

现代化进程中的传统村落
——2023江苏历史文化名村调查

在调研过程中，组员绘制了当地历史建筑的钢笔淡彩。由于村民搬迁，本次调研组前往沙涨村民搬迁的小区进行排查探访。

埠·垣

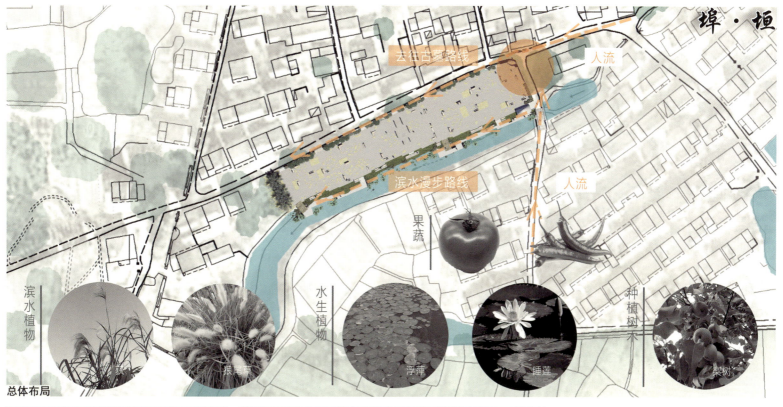

总体布局

人视1

人视2

人视3

我们的活化设计策略为：将生态自然、农耕文化、宗族姓氏文化、民族融合等独具沙涨特色的要素结合起来，创造适合村民活动的公共空间。

在古桥旁置入一新凉亭，通过沿河岸线延伸的步道连接两个古码头，形成滨水观光路线；针对祠堂前小广场进行铺地、植物、高差的处理，设置小型标志物——石灯，在地面及片墙嵌入姓氏文化相关要素，结合片墙设置座凳，树种采用村内常见的枇杷、柿子等果树，低矮植被选择青菜、茄子等菜地，形成集活动、休憩等功能为一体的，具备乡土特色和文化遗存特色的滨水公共活动空间；在篮球场村口空间设置片墙围合古树，同时起到对古墓方向的引导作用。

南立面图

专家评语

从历史脉络追溯，突出沙涨的最大特点是由外来族群繁衍形成，团结、和谐以及民族融合的发展历史，从而分析了村庄整体呈现的"古村、古墓、古居、古河、古树、古姓"特征。通过广泛的调研，结合多数村民已于10年前另行安置搬迁置换产权的实际，总结了历史建筑损毁严重缺乏修缮、节庆回村祭祀缺乏外部公共空间、空间均质化缺乏方向引导性等问题。针对这些问题，设计从文化视角出发，以"埠·垣"为主题，提出将生态自然、农耕文化、宗族姓氏文化、民族融合等独具沙涨特色的要素结合起来，重点塑造公共空间及引导空间。将码头及当地祠堂前小树林作为设计对象，通过整治码头及驳岸边坡，塑造村口广场滨水公共空间，展示姓氏文化、傈氏宗族变迁历史，对集聚村民的归属感、吸引村民回迁、全面复兴古村落起到关键的作用，具有较强的创新性和实践意义。

（夏健　苏州科技大学苏州国家历史文化名城保护研究院院长、教授）

材料分析　　构造大样

人视4

13 九 里

南京工业大学
建筑学院

指导教师
郭华瑜　方遥

学生成员
马腾宇　丁兆淳　王祺　张浩然
李清　吴建文　徐宇辰　朱妍
潘亚威　刘倩　李宗港

镇江市丹阳市延陵镇九里村九里，位于江苏省镇江市丹阳市西南部，范围主要为香草河以北的九里老村，占地面积约248902平方米。九里村位于丹阳市域西南部，距离丹阳市区18公里，北距丹阳西站12公里，西南距茅山风景区15公里。延茅路穿村而过，向东8公里可快速到达扬溧高速公路出入口，交通区位具有明显的优势。九里于2006年入选第四批江苏省历史文化名村，2013年入选第二批中国传统村落，2020年入选首批江苏省传统村落。

九里村发展至今已有2600多年历史。春秋时期季子后人守墓繁衍，于此形成了最早的聚落。明清时期随着季子庙扩建，以及农业资源的导向下，九里村进一步发展。到了20世纪90年代，在市场经济的导向下，优越的水陆运输条件推动九里村走向繁荣。2007年由于老村物质环境逐渐衰败，在香草河南建设九里新村。2015年至今，借助季子文化以及特色田园乡村项目建设，九里村开始发展乡村旅游，试图以旅游业带动老村存续。

通过卫星影像我们调取了2010年、2023年九里村发展情况。对比看出，村庄变化还是比较明显的，尤其是东南侧九里新村的建设。1939年以前以季子庙为中心，村庄呈内聚团块状。1940—1980年村庄开始沿东西向轴线拓展。1981—2005年村庄向北延伸，并跨越丁延路建设。2006年开始新建安置区，村庄跨河发展，并形成九里老村、新村两大组团，2017年至今特色田园乡村规划完成，以旅游为发展导向，对村庄进行拆建与更新。

九里村历史资源禀赋优秀，以诚信文化和宗教文化为代表，现存多处省市级文物保护单位以及诸多文化遗存。九里村历史文化资源禀赋优秀，包含宗教文化、宗祠文化、红色文化、诚信文化、乡土文化等，现存季子庙、十字碑亭、沸泉、季河桥、季子像等多处文物保护单位。

现代化进程中的传统村落
——2023 江苏历史文化名村调查

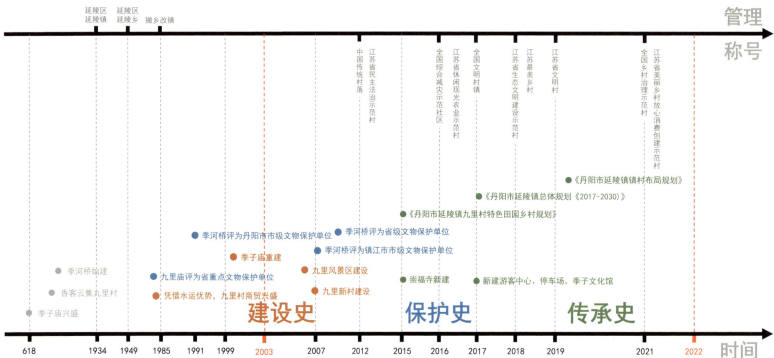

通过整理资料，我们分析了九里村村庄历史发展的演进顺序。重点关注从 2004 年至今的建设、保护和传承情况。在 2015 年以前，村庄就完成了九里风景区的建设、新村的建设。而在 2015 年以后，随着特色田园乡村项目以及各类保护规划的开展，九里村的村容村貌、发展模式越发完善。

非物质文化遗产方面，九里村有省级"非遗"——九里季子庙会。也有众多文物保护单位和文化底蕴。目前，无论是九里诚信馆、季子像、季子庙、崇福寺都有很多人前来参观拜访。老粮管所和老酒厂保存完整且仍在经营，传统技艺一直在流传。相比而言，九里的文化传承和活化工作做得较好。

村落篇
13 九 里

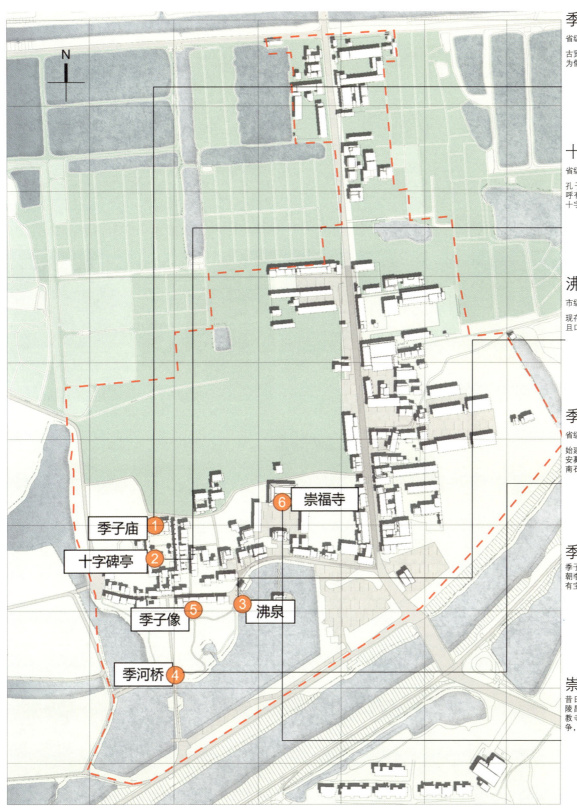

季子庙

省级文物保护单位

古贤季子，以诚信为名，为儒家赞颂。

十字碑亭

省级文物保护单位

孔子为季子题写"呜呼有吴延陵君子之墓"十字。

沸泉

市级文物保护单位

现存六口，三清三浊，且口味各异。

季河桥

省级文物保护单位

始建于明代，由民僧法安募建，体现了明代江南石拱桥的工艺特色。

季子像

季子执剑圣像，上书唐朝李白的诗句，"延陵有宝剑，价重千黄金"。

崇福寺

昔日丹阳南门外除延陵昌国寺外最大的佛教寺院，毁于抗日战争，后重建。

街巷整治措施
修缮老街：南街、季子南路；
修缮九里老村道路：丁延路、村庄支路等。

建筑整治措施
维修古民居：丁延路沿街建筑立面、南街古建等；
维修寺庙：季子庙、崇福寺。

河道整治措施
九里村水田河塘较多，主要从提高防涝能力、产业扶持、驳岸整治等方面建设。

桥梁整治措施
维护加固季河桥。

2016 南街　南街 2023

2016 季子南路　季子南路 2023

2016 丁延路　丁延路 2023

2016 核心景区　核心景区 2023

村落篇
13 九 里

村民问卷

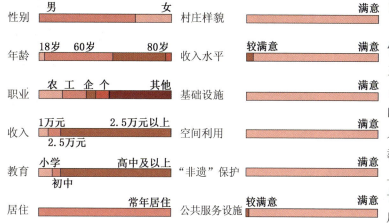

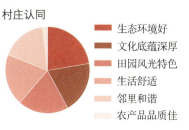

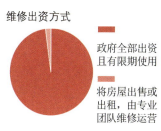

1. 基本信息统计：

本次调研受访者中男性占70.8%，女性占29.2%；主要年龄分布在19~60岁，占比64.6%，61~80岁之间的受访者占比27%。年收入基本在2.5万元以上，受教育程度普遍为高中及以上。本次调查中受访者均长期居住于本村，主要构成为本村村民。

2. 总结：

本次调研受访者对于村庄认同感普遍较高，认为本村的历史遗存值得保护且有一定的保护意识。受访者均愿意支持历史建筑的维修与改造，其中大部分希望历史建筑改造更新后仍作为自住用途，此外也有部分受访者希望用于商用。几乎所有的受访者都希望历史建筑的维修与出资方式全部由政府承担并有限期使用。

1968 九里卫星图

2023 九里卫星图

典型保护利用项目	投入资金（万元）	资金来源	目前用途	年份
沸泉	30	政府拨款	景点	2014
季河桥	20	政府拨款	景点	2012
季子庙	100	民资参与	景点、民俗活动	1997—1999
	–	社会集资		2000—2003
十字碑亭粉刷	5	村集体筹资	景点	2004—2013
南街古建恢复	–	村集体筹资	居住、景点	2017
老村更新	–	多方集资	居住、交通	2017
南街青石板路铺设	–	村集体筹资	交通、景点	2017
……				

（数据来源：据镇、村领导问卷访谈等不完全统计）

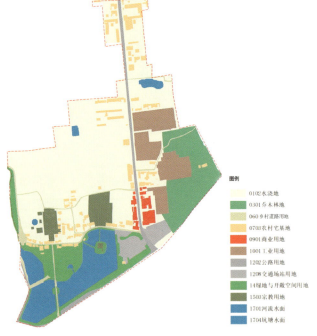

师生通过实地走访、航拍摄影、经济社会调查、发展政策研究、地理技术运用等多学科技术手段获取其空间现状、基础设施、人群特征、产业状况、文脉历史等基本信息。师生共赴九里风景区，前往当地企业、季子庙、沸泉，寻访重要节点与建筑；深入新旧九里村，考察历史建筑及构筑物的保护，了解当地历史文化资源和非物质文化遗产资源，总结现状问题，发掘值得活化利用的空间。

用地类型	面积（公顷）	比例
0102水浇地	11.21	45.02%
0301乔木林地	2.26	9.08%
0601乡村道路用地	0.62	2.49%
0703农村宅基地	1.48	5.94%
0901商业用地	0.33	1.33%
1001工业用地	1.85	7.43%
1202公路用地	0.77	3.09%
1208交通场站用地	0.7	2.81%
14绿地与开敞空间用地	2.04	8.19%
1503宗教用地	0.85	3.41%
1701河流水面	2.58	10.36%
1704坑塘水面	0.21	0.85%
规划范围总面积	24.9	100%

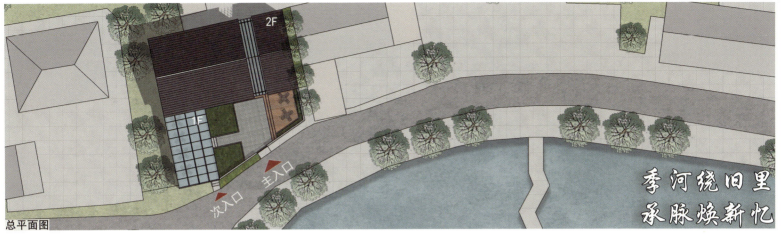

总平面图

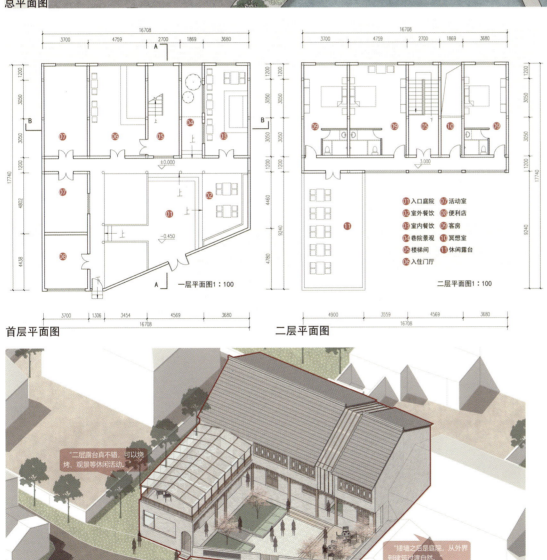

一层平面图 1:100

二层平面图 1:100

01 入口庭院　07 活动室
02 室外餐饮　08 便利店
03 室内餐饮　09 客房
04 巷院景观　10 冥想室
05 楼梯间　　11 休闲露台
06 入住门厅

首层平面图　二层平面图

鸟瞰

"二层露台真不错，可以烧烤、观景等休闲活动。"

"矮墙之后是庭院，从外界到建筑过渡自然。"

季河绕旧里
承脉焕新忆

场地选取：场地位于季子庙和崇福寺之间，由南侧主路串联，在游客必经之路上。南侧为景观湖，视野开阔。西南侧可通往商业街。场地内现存民居两栋，穿斗式构架，主体两层，坡屋顶。

问题解析：总结现状问题发现，功能方面，闲置的民居使用率低；立面装饰上，老房子立面破旧，构件残损严重；现状屋顶组合形式不利于排水；外部环境，建筑与外界环境生硬过渡，门口的小广场景观单调，遮蔽视线。

设计策略：为此，我们构思了功能业态的调整与更新、加强建筑体块的联系、屋顶部分的改造、立面装饰的更新、门窗的修缮与维护、外部空间的再营造这六个方面的策略。

人视1

人视2

人视3

人视4

专家评语

　　作品在梳理九里乡村历史沿革的基础上，关注2000年至今20多年的乡土地域演进，通过街巷、河道、桥梁、建筑、文化传承和生活村民等不同分项，基于乡村调查、村民访谈、拍摄记录等多种方式，立体全面地呈现了九里20年的时代变迁，并提出当下乡村活力缺失、运营管理模式等方面的问题。在后续的活化设计中，提出"民宿+"的概念，将周边毗邻具有传统风貌的民居和既有民宿进行统一考量，通过群的视角，将村民和民居一并植入区域范围内的"民宿+"场景中，为本地住民、外来游客和新迁村民等不同种类的人群，提供多种、多样、多彩的乡土主题生活空间和交流平台，以及可借鉴的实施路径。
（钟晟　江苏省城镇与乡村规划设计院有限公司执行董事、总经理）

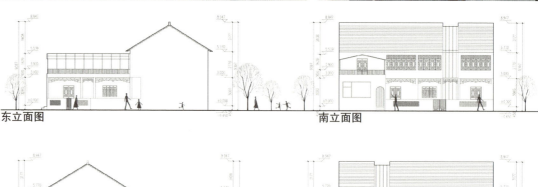

东立面图　　　　　　　　　　南立面图

西立面图　　　　　　　　　　北立面图

A-A剖面图　　　　　　　　　B-B剖面图

14 华 山

扬州大学
建筑科学与工程学院

指导教师
张建新　郭燏烽　洪小春

学生成员
张腾中　南祺童
吴步瑶　蔡今成

镇江市镇江新区姚桥镇华山村华山，位于镇江以东28公里处，现属镇江新区姚桥镇。经考证，华山为吴文化时期部落的古村，从新石器时代至商周时期就是一个重要的人类活动区域，早在6000多年前就有先民生活在这块土地上。华山于2013年先后入选第七批江苏省历史文化名村、第二批中国传统村落，2020年入选首批江苏省传统村落。

本作品的设计主要分为两个阶段，第一阶段是对华山村村庄的实际情况做调研，包括村民问卷调查、村民人口、村庄集体年收入、优秀传统历史建筑、基础设施、非物质文化遗产等。其中收集村民调查问卷120余份、记录历史保护建筑27座。调研结果发现，如今华山古村人口流失十分严重，古建筑普遍损毁严重，核心街巷破败不堪，修缮保护资金不足，干部和群众之间联系也不够紧密。

第二阶段针对调研结果与考察情况，确定本活化设计的基本理念是通过历史地段核心空间复兴促进古村公共空间活动复兴，以点带线，以传统文化与现代休闲活动为触媒带动整条华山村龙脊街的复兴，再以线带面促进华山古村的复兴。我们的设计选址位于龙脊街与张王庙交接处的无草地地块，希望利用无草地高度围合的界面给华山传统庙会增加集会氛围。另一基本理念是，无论修复还是新建，从建构到形式到选材应完全遵循华山村的历史建筑风格。我们修复了无草地的戏台，其作为乡村节时祭祀、闲时娱乐的重要集会中心，通过查找相关文字、图像等资料，尽可能按原址原貌做修复设计。对于新建的看戏围廊，结构、尺度、比例等方面我们参考了《清工部工程做法则例》。建材选择方面，从屋面青瓦到铺路黄石，遵循就地取材原则，力求不破坏华山村的整体建筑风貌。龙脊街208号住户——《华山畿》戏曲传人和太平泥叫叫"非遗"手艺人，言辞真挚恳切，叙述自己以传唱戏曲为骄傲，但同时也表达了对戏曲后继无人的担忧，这也是我们修复古戏台的动因之一。

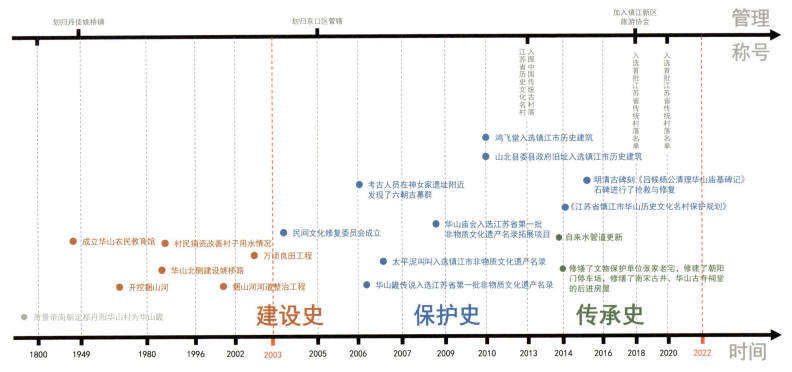

镇江市姚桥镇华山村建村于岗，以山脊作为村落街巷发展主轴，肌理形态独特，是踞岗建村的典范。村内所遗建筑内部木构应用古制，具有明代遗风，外部形态具有传统民居特色。村落东临石桥镇，西接平昌新城，南依埤城村，北望易家村，是构建毗邻地区"城－镇－村"体系的重要环节。

村落篇
14 华 山

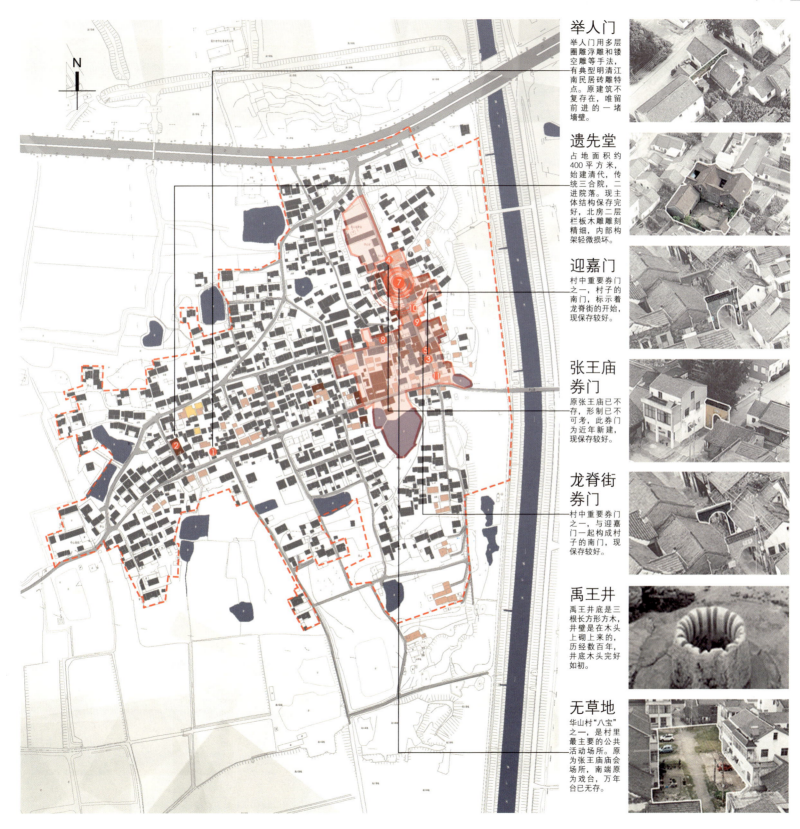

举人门
举人门用多层圈雕浮雕和镂空雕等手法,有典型明清江南民居砖雕特点。原建筑不复存在,唯留前进的一堵墙壁。

遗先堂
占地面积约400平方米,始建清代,传统三合院,二进院落。现主体结构保存完好,北房二层栏板木雕雕刻精细,内部构架轻微损坏。

迎嘉门
村中重要券门之一,村子的南门,标示着龙脊街的开始,现保存较好。

张王庙券门
原张王庙已不存,形制已不可考,此券门为近年新建,现保存较好。

龙脊街券门
村中重要券门之一,与迎嘉门一起构成村子的南门,现保存较好。

禹王井
禹王井底是三根长方形方木,井壁是在木头上砌上来的,历经数百年,井底木头完好如初。

无草地
华山村"八宝"之一,是村里最主要的公共活动场所。原为张王庙庙会场所,南端原为戏台,万年台已无存。

137

街巷整治措施

铺地整治:巷道已大多实现硬化,基本满足通行需求。但公共停车场少,可容纳停车数量较少。

建筑整治措施

历史建筑修缮:古建筑普遍损毁严重,且极其缺少维护修缮,仅有部分建筑保存较好。

河道整治措施

水质治理:奈何桥下古池塘水质得到改善。

2008 冷遹故居　冷遹故居 2023

2008 举人门　举人门 2023

2008 老当铺　老当铺 2023

2008 遗先堂　遗先堂 2023

村落篇
14 华山

1968 华山卫星图

2018 华山卫星图

村民问卷

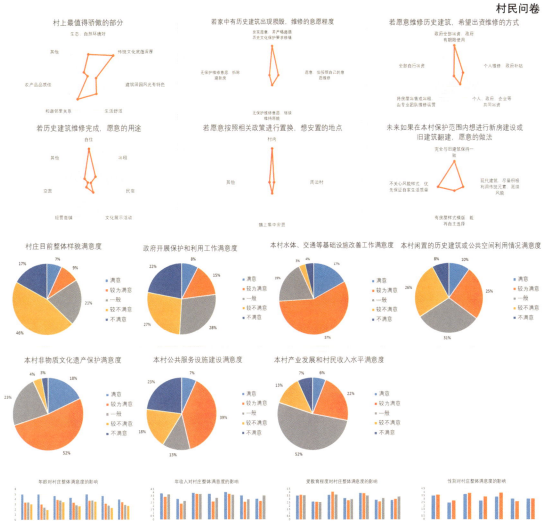

典型保护利用项目	投入资金（万元）	资金来源	目前用途	年份
公厕修缮	31	财政拨款	-	2016
污水管网	100	财政拨款	-	2018
垃圾分类	5	财政拨款	-	2018
健身广场	16	村级自筹	休闲健身	2021
古银杏树保护	1.5	-	-	2022
……				

（数据来源：据镇、村领导问卷访谈等不完全统计）

黄花塘现状水质较好。奈何桥下古池塘水质得到改善。但有些池塘水质仍很差,未得到改善。

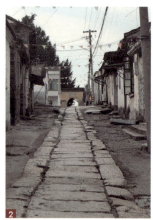

历史街巷6条,总长度770米。以山岗为形态形成肌理,保存较好,街巷尺度保存较完整。

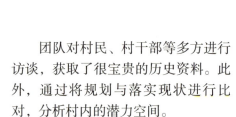

团队对村民、村干部等多方进行访谈,获取了很宝贵的历史资料。此外,通过将规划与落实现状进行比对,分析村内的潜力空间。

传统排水系统在龙脊街附近较为完整地保留下来,但大多比较破旧残缺,排水能力不能满足现在的排水要求,下雨时路面易形成积水。而新建排水沟位于村落外围,仅能保障龙脊街核心区以外的周边区域的污水收集,且未雨污分流,对龙脊街排水设施保护的投入几乎为零。

村落篇
14 华 山

鸟瞰

古戏遗梦

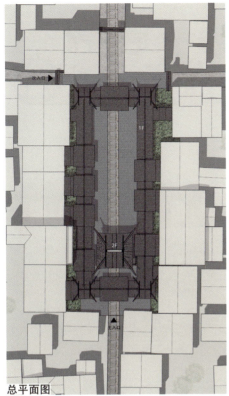
总平面图

设计构思

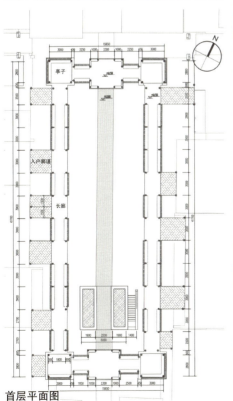
首层平面图

人视1

正月十五，庙会开门节。照例，龙脊街上人都满了，连立足也难，更不用提万年台戏廊了。有的看客只得挤在远处的人丛中，透过攒动的人群，透过交错的廊柱，看一个老旦在万年台上唱。

先看小旦唱，然后看花旦唱，看老生唱，最后看不知什么角儿唱，看到戏楼角挂上红灯笼，成为高处远远就引人注目的几点灯火，走廊也点起两排红灯笼，无草地上，簇拥着戏楼，便升起一圈乡野灯火，照着听曲儿人缱绻的梦。说是乡野间，然而，华山村千年前可是京畿地。如今，闲闲倚在古色古香的游廊上，借着耳边洋洋盈耳的《华山畿》，借着眼前几挂迷眼的红灯笼，乘着丘岗上几缕晚风，飘飘乎，似也见到了千年前的繁华盛况。

东立面图　　　　　　　　　　　　　　　　　　　　　　　南立面图

西立面图　　　　　　　　　　　　　　　　　　　　　　　北立面图

专家评语

项目组围绕调查研究的主线，在梳理村庄现状基础上，基于村民性别、职业等因素，从对村庄整体满意度、对古村保护利用意愿两个层面进行进村入户的实地调查，总结提炼了村民对基础设施有所改善和非物质文化得到保护两个方面的满意度，分析归纳了村庄整体样貌较差、政府保护工作不足、历史文化没有发扬、公共空间利用不足、村民收入水平较低等四个方面的问题清单，在此基础上，提出华山村活化的突破点和主攻方向，解析了选择无草地地块进行活化设计的优劣势，提出"空间梳理，道路划分"的设计策略，通过空间梳理，地面道路划分，加以恢复万年台和长廊，营造无草地为空间焦点。总体而言，该项目的活化设计在调研研究的基础上，提出创新性的思路和方向，充分挖掘区域文化要素，契合地方实际，体现了调研研究的重要性。

（李红波　南京师范大学地理科学学院副院长、教授）

人视2

人视3

人视4

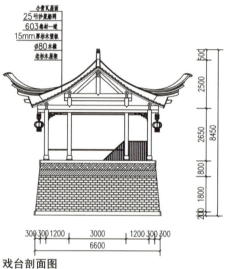
戏台剖面图

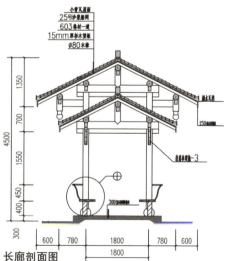
长廊剖面图

15 柳茹

中国矿业大学
建筑与设计学院

指导教师
张潇　常江　周海军　林祖锐

学生成员
韩旭　席建龙　吴欣睿　耿雨
邹晶晶　伯欣桐　徐子棋　易剑梅

镇江市丹阳市延陵镇柳茹村柳茹，位于江苏省丹阳市延陵镇中北部，地处金坛、丹阳交界处，紧邻香草河生态廊道。柳茹于2013年入选第二批中国传统村落，2017年入选第八批江苏省历史文化名村，2020年入选首批江苏省传统村落。

通过为期一个月的史料梳理、空间观察、实地访谈、问卷调研，我们梳理了近20年柳茹村的变化及存在的问题。空间特色方面，柳茹村填埋了部分池塘，增建了公共广场等活动空间，但是空间布置单调，活动形式略显单一；文化传承方面，历史文化资源充足，但缺乏教育空间；人口产业方面，主要以退休老人为主，即便历史文化资源充足，旅游定位、游客体验及配套方面尚未完善，无法成为村内的支柱产业；居住评价方面，村民对柳茹村的整体风貌、基础设施建设、非物质文化遗产等方面的使用现状和满意度较高，希望增加节假日返乡儿童的教育空间，传承和发扬贡氏文化。

综上所述，我们认为柳茹村是一个生活气息非常浓厚的乡村。虽然，村内常住人口有下降的趋势，但节假日返乡的儿童，为村落增添了不少活力。以此为导向，我们提出柳茹的设计目标是以文化、生活、教育为核心的"研学型"村落，初期服务主体为村民及返乡儿童。设计方案采用中医针灸的手法，以点带面，在现有新版规划的基础上，依据村民的生活习惯，对村内三个主要公共广场进行优化提升，提高不同时间段广场的利用效率；此外增设亲子主题的民宿、儿童活动中心、文化交流体验馆三个单体建筑，将村内的历史建筑、特色产业、农业设施进行串联，结合贡氏文化节、丰收节、采摘节等文化活动的展演，策划不同时节的"柳茹十二时辰"研学路线，让村民和返乡儿童感受到传统村落不仅仅是空间形态，还有街巷、田园、山水以及所蕴含的文化和典故，这些文化通过村内的各类民俗活动，植入到村民及返乡儿童的心里，并发扬传承。

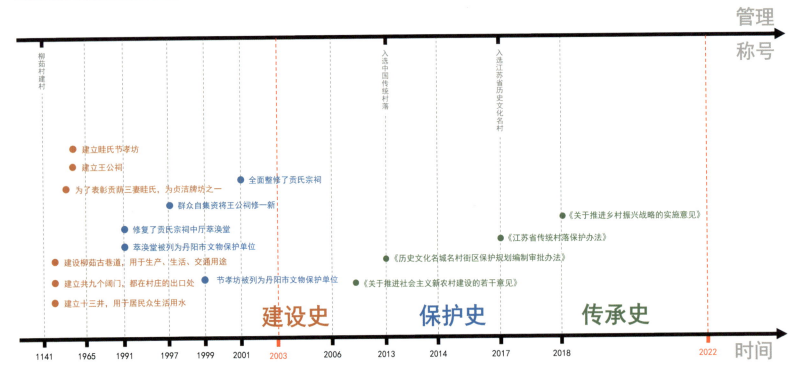

柳茹村历史悠久，是一座文化积淀非常深厚的古村。根据民国版《贡氏宗谱》和《岳氏宗谱》等文献记载，柳茹村形成的年代是公元 1141 年，也就是民族英雄岳飞被害的当年。岳飞被以"莫须有"罪名杀害后，岳飞的好友、秣陵关总镇贡祖文冒死保护岳飞第三子岳霖，辞官隐居丹阳柳塘。此后贡祖文和后代一直定居在这里，开凿了沟渠，种植了大量柳树，在塘中养鱼。后来子孙繁衍众多，逐渐形成了柳茹村。岳飞案平反昭雪后，南宋朝廷授予贡祖文"旌表忠义"匾额，以表彰其"救孤"之功。可以确认，柳茹村距今已有 900 年的历史，如此历史悠久的传统村落，在丹阳并不多见。

村落篇
15 柳茹

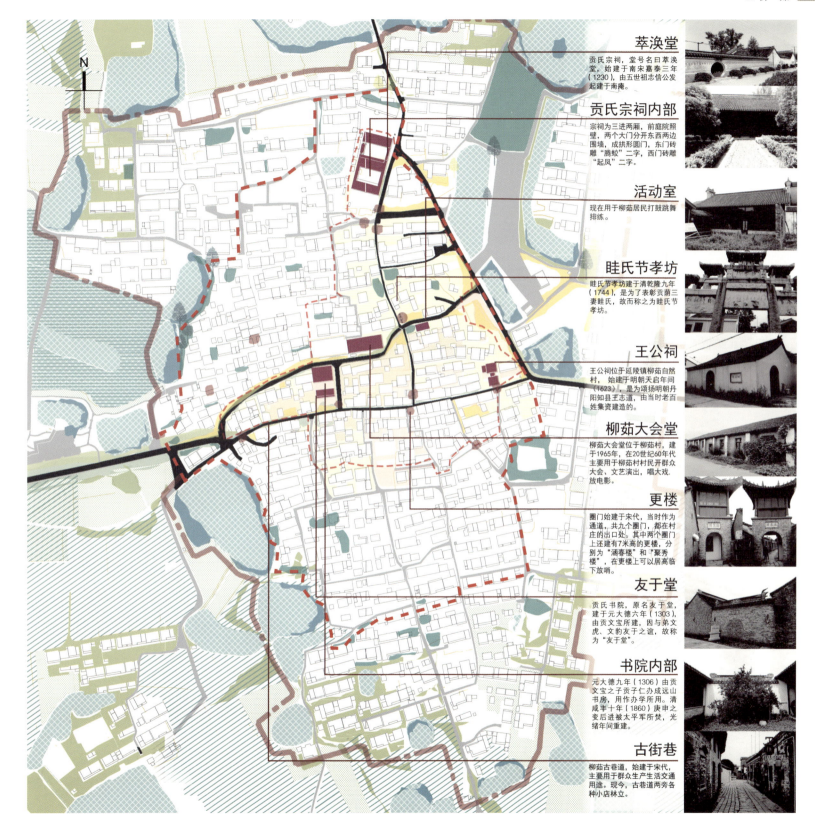

萃涣堂
贡氏宗祠，堂号名曰萃涣堂，始建于南宋嘉泰三年（1230），由五世祖志信公发起建于南庵。

贡氏宗祠内部
宗祠为三进两厢，前庭院照壁，两个大门分开东西两边围墙，成拱形圆门，东门砖雕"腾蛟"二字，西门砖雕"起凤"二字。

活动室
现在用于柳茹居民打鼓跳舞排练。

眭氏节孝坊
眭氏节孝坊建于清乾隆九年（1744），是为了表彰贡萌三妻眭氏，故而称之为眭氏节孝坊。

王公祠
王公祠位于延陵镇柳茹自然村，始建于明朝天启年间（1623），是为颂扬明朝丹阳知县王志道，由当时老百姓集资建造的。

柳茹大会堂
柳茹大会堂位于柳茹村，建于1965年，在20世纪60年代主要用于柳茹村民开群众大会、文艺演出、唱大戏、放电影。

更楼
圈门始建于宋代，当时作为通道，共九个圈门，都在村庄的出口处。其中两个圈门上还建有7米高的更楼，分别为"涵春楼"和"聚秀楼"，在更楼上可以居高临下放哨。

友于堂
贡氏书院，原名友于堂，建于元大德六年（1303），由贡文宝所建，因与弟文虎、文豹友于之谊，故称为"友于堂"。

书院内部
元大德九年（1306）由贡文宝之子贡子仁办成远山书房，用作办学所用。清咸丰十年（1860）庚申之变后进被太平军所焚，光绪年间重建。

古街巷
柳茹古巷道，始建于宋代，主要用于群众生产生活交通用途。现今，古巷道两旁各种小店林立。

街巷整治措施

修缮古街：以中巷古街为主轴向两边发散的一个清末民初时期风貌保存完好的历史街巷；

修缮牌坊：节孝坊。

建筑整治措施

维修古民居：古街两旁有许多主要用于居住的散落的古建筑；

维修宗祠：贡氏宗祠和王公祠。

河道整治措施

村内有多处池塘，原池塘边遍植柳树，现已不多，部分用于养殖，可形成垂钓空间作为村内的特色产业之一，同时开发相关的旅游项目。

2014 古巷　古巷 2023

2014 大会堂　大会堂 2023

2014 王公祠　王公祠 2023

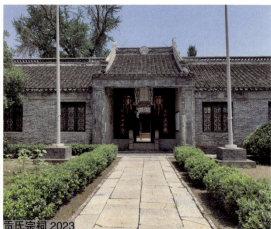

2014 贡氏宗祠　贡氏宗祠 2023

村落篇
15 柳茹

村民问卷

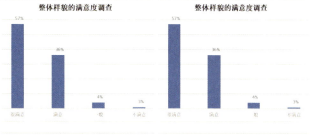

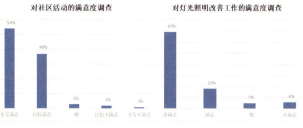

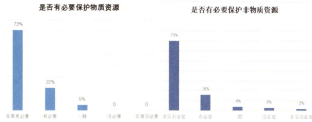

1968 柳茹卫星图

经营者问卷

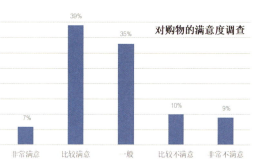
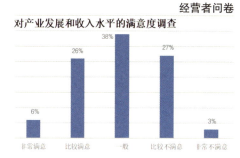

典型保护利用项目	投入资金（万元）	资金来源	目前用途	年份
新建主要道路	460	财政拨款	交通	2017—2019
历史巷道改造	43.8	财政拨款	交通	2017—2019
贡氏宗祠古银杏保护	2	财政拨款	-	2019
柳西河整治	500	财政拨款	-	2017—2019
污水管网铺设	610	财政拨款	基础设施	2017—2019
电力通信线路改造	40	财政拨款	基础设施	2017—2019
公厕改造	8	财政拨款	公共服务	2017—2019
文物保护单位修缮	100	财政拨款	参观	2019—2020
村民委员会改造提升	46	财政拨款	办公	2016—2017
公墓搬迁	10	财政拨款	-	2019—2020

2022 柳茹卫星图

（数据来源：据镇、村领导问卷访谈等不完全统计）

147

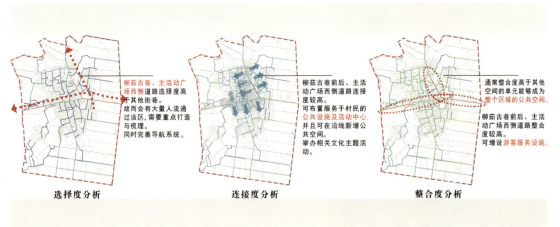

| 选择度分析 | 连接度分析 | 整合度分析 |

团队同学进行了无人机测绘以及整个村落的建模，实地问卷调研和访谈当地居民了解情况，并通过空间句法对道路的整合度进行分析研究。

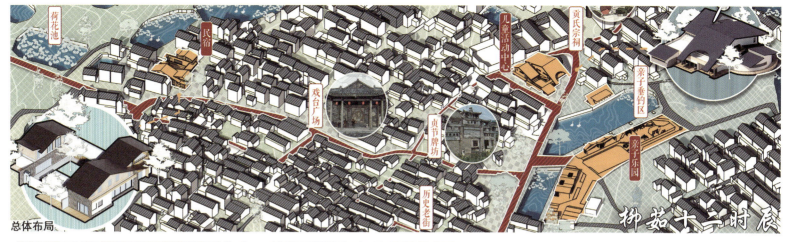
总体布局

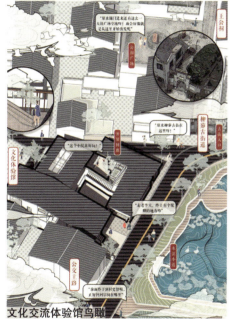
文化交流体验馆鸟瞰

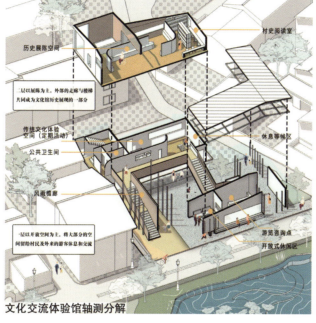
文化交流体验馆轴测分解

文化交流体验馆人视

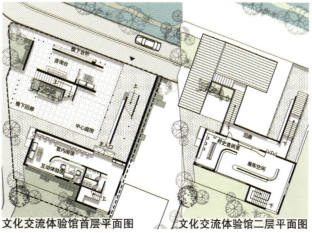
文化交流体验馆首层平面图　　文化交流体验馆二层平面图

根据前期调研发现的问题，我们以生活为导向，实现柳茹村人居环境提升为最终目的，打造人、文化与环境相结合的"康乐"空间。空间规划方面，遵循柳茹村原本"历史圈—居住圈—生产圈"的规划格局，为满足村庄未来可持续发展的需要，我们把过去的放射性形态转译为"两轴三场五广场"的整体格局。主题方面围绕"康乐"，我们打造了"裕民于乐""育农于乐""寓教于乐"的三条主线，并在规划轴线的交点处植入民宿、儿童教育中心以及文化馆交流体验馆。同时对场地南侧和东侧的原有广场进行更新，激活柳茹特色"忠义"文化，实现康乐生活，从而达到柳茹人居环境品质的提升。

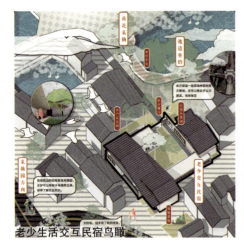
老少生活交互民宿鸟瞰

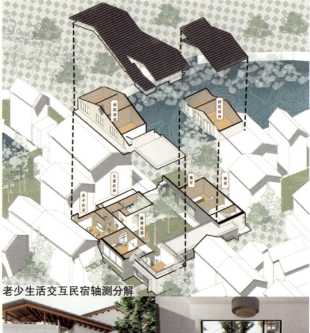
老少生活交互民宿轴测分解
老少生活交互民宿人视1　老少生活交互民宿人视2

老少生活交互民宿首层平面图

儿童活动中心二层平面图

儿童活动中心轴测分解
儿童活动中心人视1　儿童活动中心人视2

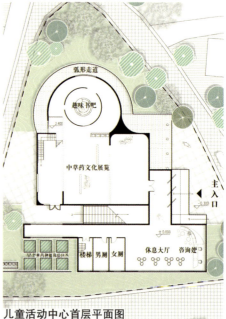
儿童活动中心首层平面图

专家评语

从柳茹始于先祖隐居、以防御为主的村落历史沿革入手，通过对多使用主体的分项调查，和十年空间格局演变和空间观察，充分了解村民的生活诉求，系统梳理了村庄发展的内在机制和特征，提出了以文化、生活教育为核心，研学型生活开发的村落保护发展方向。作品策划以儿童研学为核心的柳茹十二时辰的活动主题，提质村内三个主要公共广场，串联村庄现有的农业设施，结合丰收节采摘节等文化活动，打造儿童娱乐、游学、体验、亲子民宿等各类研学空间。作品以历时游线设计带动空间活化改造，希望传承柳茹的忠义文化、农耕文化和传统文化，延续柳茹的生活习惯，达成保护、盘活古村的目的，是设计最大的亮点。

（夏健　苏州科技大学苏州国家历史文化名城保护研究院院长、教授）

16 严家桥

东南大学
建筑学院

指导教师
龚恺 徐鹏

学生成员
李兆祥 麦洁鸣

无锡市锡山区羊尖镇严家桥村严家桥，地处无锡、江阴、常熟三地交界处。严家桥于2006年入选第四批江苏省历史文化名村，2013年入选第二批中国传统村落，2020年入选首批江苏省传统村落。严家桥距今已有700多年历史。元末，严氏一族迁居永兴河西，并在河上兴建严家桥，此地因桥得名。此后，顾、汤、程、李、唐等外姓氏族陆续迁居至此，利用严家桥便利的水路交通，通过经商促进严家桥的繁荣与发展，在清乾隆年间形成集镇。

"三地一村四码头"是反映严家桥价值特色的名片："三地"指锡剧发源地、唐氏家族发祥地和中共地下党根据地；"一村"指无锡著名的教授村；"四码头"指米码头、布码头、书码头和医码头。村落呈现"一河、四桥、六街、一片、数点"的格局：永兴河穿村而过，河上自北向南依次分布严家桥、万善桥、永兴桥和梓良桥；河东的北街、中市街、南街、东街及河西的庙前街、西街构成村落的空间骨架；以唐氏仓厅、同济典当行、春源布庄等为代表的唐氏家族民族工商业历史片区；散布于村内的民居、古井、古墓等历史遗存。村内目前有4处市级文物保护单位。

在严家桥调查期间，团队与村干部进行了问卷访谈，了解村落建设与保护活化工作的经验与挑战，并通过航拍、对比照片拍摄等手段，记录近20年来的变迁。一方面，严家桥投入大量资金进行乡村建设：提升村道交通、水电燃气、网络通信等基础设施；在古村保护范围外进行村民住房翻建试点区等住房建设；改善河道、绿化、卫生等人居环境。另一方面，严家桥的古村保护工作也取得显著成就：街巷整治方面，恢复弹石路面，修复商铺门面；建筑整治方面，对唐氏仓厅进行活化改造，用作文化展览；河道整治方面，疏通淤塞河道，整修石驳，清理不协调的违章搭建；桥梁整治方面，对历史桥梁进行加固维修。

街巷整治措施
铺地整治：恢复弹石铺地。

建筑整治措施
建筑修缮活化：对春源布庄、潘氏商业楼等进行修缮；对唐氏仓厅等进行改造活化，用作文化展览等。

河道整治措施
新建连廊：在永兴市河西侧万善桥－梓良桥段新建百米长廊。

2007 唐氏仓厅　唐氏仓厅 2023

1966 严家桥卫星图

2007 东街　东街 2023

2007 百米长廊　百米长廊 2023

2022 严家桥卫星图

2007 严家桥　严家桥 2023

17 葛 村

东南大学
建筑学院

指导教师
龚 恺　徐 鹏

学生成员
李兆祥　麦洁鸣

镇江市镇江新区丁岗镇葛村村葛村于2017年入选第八批江苏省历史文化名村，2023年入选第六批中国传统村落。镇江是北人南迁的必经之路，而东乡地区土地富饶，适合安居乐业，成为大量北方移民聚族而居的落脚处，葛村正是在移民大潮中逐渐形成。南宋建炎三年，宋高宗赵构南渡，侍卫将军解寿辉率领族人从山东迁徙至镇江定居，为纪念故乡，将村落取名葛村，村民大多姓解。

葛村以解氏宗祠为中心、"十"字形道路为骨架组织起村落的空间布局。解氏宗祠共有20多个分祠，但由于历史变迁，大部分支祠已无法考证具体地点，目前仅保存册、礼、乐、冬四座分祠散布于村落中，成为葛村宗族文化的见证。村内目前有1处市级文物保护单位、6处"三普"不可移动文物。

在葛村调查期间，团队主要通过航拍、对比照片拍摄等手段，记录近20年来的变迁。一方面，葛村对街巷等外部环境进行整治，如对解氏宗祠外的古井周边场地重新铺设条石；另一方面，葛村在建筑的保护利用方面也取得了成就。对解氏宗祠进行修缮；对冬分支祠进行改造活化，用作居家养老服务中心。

街巷整治措施

铺地整治：对解氏宗祠外的古井周边场地重新铺设条石。

建筑整治措施

公共服务配套：建设党群服务中心等公共服务配套建筑；

建筑修缮：对解氏宗祠进行修缮；

活化利用：对冬分支祠进行改造活化，用作居家养老服务中心。

2018 解氏宗祠　　解氏宗祠 2023

1968 葛村卫星图

2018 冬分支祠　　冬分支祠 2023

2018 解高成宅　　解高成宅 2023

2018 葛村卫星图

2018 册分祠井　　册分祠井 2023

18 儒 里

东南大学
建筑学院

指导教师
龚　恺　徐　鹏

学生成员
李兆祥　麦洁鸣

镇江市镇江新区姚桥镇儒里村儒里于2013年入选第二批中国传统村落，2017年入选第八批江苏省历史文化名村，2020年入选首批江苏省传统村落。东乡地区素有"南有朱张，北有赵王"的说法，而儒里正是以朱姓为主的村落。元末明初，朱熹第八代孙朱亨三来此地安家立业，随着子孙繁衍，逐渐形成村落。后来朱氏子孙勤耕苦读，入仕为官者比比皆是，清乾隆帝钦题"儒里"，寓意儒人故里。

儒里呈现"南北一竖、东西一横"的"丁"字形街巷格局，而朱氏宗祠就位于两条主街交汇处的村落中心。朱氏宗祠及朱氏祭祀是儒里宗族文化与朱子文化的见证，朱氏祭祀原为一年四祭，到民国时期改为春秋两祭，2008年春，该风俗在中断60年后恢复。朱氏后人借每年的祭祀活动传承孝道，表达孝悌之心。村内目前有1处省级文物保护单位、1处市级文物保护单位、1处"三普"不可移动文物。

在儒里调查期间，团队主要通过航拍、对比照片拍摄等手段，记录近20年来的变迁。一方面，儒里对街巷等外部环境进行整治，如对儒里老街沿街商铺立面重新粉刷或做仿古青砖贴面；另一方面，儒里在建筑的保护方面也取得了成就，如对朱氏宗祠、张家祠堂等进行修缮。

街巷整治措施

立面整治：儒里老街沿街商铺立面重新粉刷或做仿古青砖贴面；

铺地整治：恢复条石铺地。

建筑整治措施

公共服务配套：建设党群服务中心、幼儿园等公共服务配套建筑；

建筑修缮：对朱氏宗祠、张家祠堂等进行修缮。

2015 朱氏老宅　朱氏老宅 2023

1968 儒里卫星图

2015 朱氏宗祠　朱氏宗祠 2023

2015 张家祠堂　张家祠堂 2023

2018 儒里卫星图

2015 儒里老街　儒里老街 2023

实录篇

江苏传统村落工作营：2023
江苏历史文化名村调查

启动仪式
高校调查
中期交流
终期答辩
师生感悟

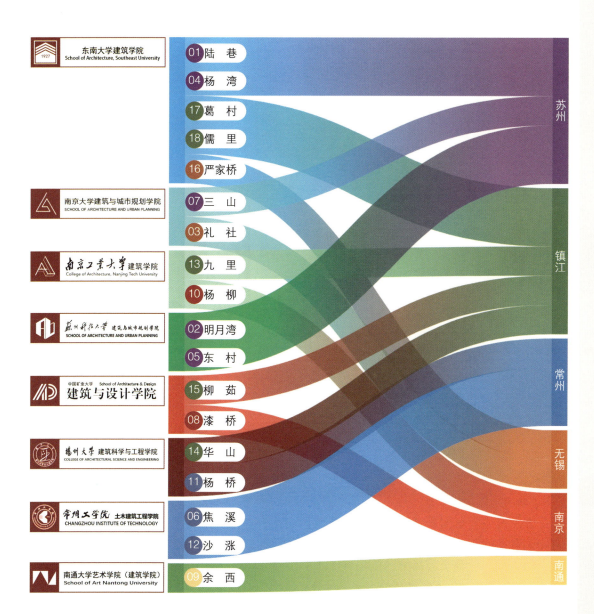

现代化进程中的传统村落
——2023 江苏历史文化名村调查

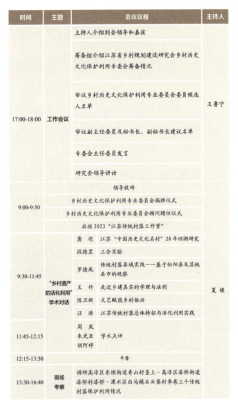

"2023'江苏传统村落工作营'"启动仪式

专委会揭牌仪式

专委会顾问聘任仪式

会后共同走访参观高淳、溧水的传统村落

启动仪式

2023.03 资料收集

2023.04—05 会议筹备

2023.06 乡村历史文化保护利用专业委员会第一次会议暨江苏传统村落工作营启动仪式

龚恺	江苏"中国历史文化名村"20年回溯研究
段德罡	三合实验
罗德胤	传统村落县域实践——基于松阳县及其他县市的观察
王竹	走进乡建真实的学理与法则
陈卫新	文艺赋能乡村振兴
汪涛	江苏传统村落特征与活化利用实践研究

2023年6月8日至9日，历史文化保护利用专业委员会第一次会议在南京召开。来自全国各地的40余名专家学者齐聚高淳，探索江苏当代语境下的乡村历史文化保护利用。会上举行了专业委员会揭牌、顾问聘任及工作营启动仪式，并就"乡村遗产的活化利用"进行学术对话，6位不同地域的专家学者分享了他们的理论思考和创新实践探索。

扬州大学团队在杨桥

中国矿业大学团队在漆桥

苏州科技大学团队在东村

南京工业大学团队在杨柳

南京大学团队在礼社

常州工学院团队在焦溪

2023.06.23
南京工业大学团队进驻九里

2023.06.28
苏州科技大学团队进驻明月湾、东村
常州工学院进驻焦溪

南通大学团队在余西

东南大学团队在陆巷

2023.07.01
东南大学团队进驻陆巷、杨湾
中国矿业大学团队进驻漆桥

2023.07.03
中国矿业大学团队进驻柳茹
南通大学团队进驻余西

2023.07.05
南京工业大学团队进驻杨柳
南京大学团队进驻三山

2023.07.02
南京大学团队进驻礼社

2023.07.04
扬州大学团队进驻杨桥

2023.07.07
常州工学院团队进驻沙涨

2023.07.11
扬州大学团队进驻华山

高校调查

2023.06—07
高校调查

　　高校团队进驻调查工作营启动仪式后，八所高校的师生团队自6月底陆续进驻村落，进行历史文化名村调查工作。

东南大学团队

南京大学团队

中国矿业大学团队

常州工学院团队

南通大学团队

扬州大学团队

南京工业大学团队

苏州科技大学团队

中期交流

2023.07

中期研讨交流会
暨传统村落集中连片保护利用
圆桌论坛

2023年7月15日至16日，工作营中期研讨交流会在苏州召开。八所高校的师生团队齐聚苏州科技大学建筑系馆，就名村调查中期成果与活化意向进行汇报交流，与会专家学者进行点评。江苏省乡村规划建设研究会常务副会长杨洪海出席会议，对各团队汇报进行点评，并为工作营下一步工作明确方向。

实录篇
江苏传统村落工作营：2023江苏历史文化名村调查

领导专家与师生一行在苏州科技大学建筑系馆门厅合影

领导专家与师生一行在苏州明月湾走访调研

领导专家与师生一行在苏州后埠走访调研

传统村落集中连片保护利用圆桌论坛

高校师生为传统村落集中连片保护利用工作建言献策

吴中区住房和城乡建设局城镇建设科主任高嵩出席会议

▶ 2023.07

中期研讨交流会
暨传统村落集中连片保护利用
圆桌论坛

2023年7月16日，专家学者与师生一行到明月湾、后埠两处中国传统村落走访调研，并参加吴中区传统村落集中连片保护利用圆桌论坛。吴中区住房和城乡建设局城镇建设科高嵩主任应邀出席，与八所高校的师生团队共同为探索传统村落集中连片保护利用的"江苏示范"建言献策。

八所高校的师生团队参观城乡院展览

泰州、昆山、吴中、姜堰住房和城乡建设局领导出席会议

《传统村落集中连片保护利用示范工作回顾与思考》分享

《江苏"传统村落"总体特征与吴中区集中连片示范工作进展》分享

终期答辩

2023.08

终期研讨交流会
暨传统村落集中连片保护利用研讨会

2023年8月30日,传统村落集中连片保护利用研讨会在南京召开。与会领导和专家学者就集中连片保护利用工作进行交流。会上,中国建筑设计研究院城镇规划院历史文化保护规划研究所所长助理高朝暄、江苏省城镇与乡村规划设计院有限公司乡村研究所所长汪涛进行了主题分享。

中国矿业大学团队

扬州大学团队

南京大学团队

苏州科技大学团队

优秀组织奖颁奖仪式

南京工业大学团队

南通大学团队

常州工学院团队

东南大学团队

▶ 2023.08

终期研讨交流会暨传统村落集中连片保护利用研讨会

2023年8月30日至31日，工作营终期研讨交流会在南京召开。八所高校的师生团队齐聚江苏省城镇与乡村规划设计院，就终期成果进行交流，5位专家对调查设计成果进行了点评。经专家投票，八所高校获得优秀组织奖，15项调查设计成果分别获得调查研究创意奖、综合谋划创意奖和活化设计创意奖。

调查研究创意奖

镇江九里：季河绕旧里，承脉焕新忆（南京工业大学建筑学院）
镇江华山：古戏遗梦（扬州大学建筑科学与工程学院）
常州沙涨：埠·垣（常州工学院土木建筑工程学院）
苏州明月湾：以节为脉，引"潮汐"（苏州科技大学建筑与城市规划学院）
南通余西：浣布煎盐，心桥戏苑，再生民宿 [南通大学艺术学院（建筑学院）]

综合谋划创意奖

南京漆桥：水绕·脉连（中国矿业大学建筑与设计学院）
苏州杨湾：浜场重生（东南大学建筑学院）
无锡礼社：水脉再生，水岸融新（南京大学建筑与城市规划学院）
苏州东村：走珠串线（苏州科技大学建筑与城市规划学院）
镇江柳茹：柳茹十二时辰（中国矿业大学建筑与设计学院）

活化设计创意奖

苏州陆巷：再叙紫石街（东南大学建筑学院）
常州杨桥：城隍庙会（扬州大学建筑科学与工程学院）
苏州三山：水溯古今，水塑家园（南京大学建筑与城市规划学院）
南京杨柳：比邻共享，寻古溯今（南京工业大学建筑学院）
常州焦溪：台·廊（常州工学院土木建筑工程学院）

优秀组织奖

东南大学建筑学院
南京大学建筑与城市规划学院
南京工业大学建筑学院
苏州科技大学建筑与城市规划学院
中国矿业大学建筑与设计学院
扬州大学建筑科学与工程学院
常州工学院土木建筑工程学院
南通大学艺术学院（建筑学院）

领导专家与师生一行合影

师生感悟

"对于这些经历了3年疫情反复的学生而言,这是一次令他们难得的经历,混杂着新鲜和压力;于我而言,依稀看到了10年前的婺源和30年前的皖南,恍惚间梦回徽州。"(指导教师:夏兵)

"旅游这条路如今并不好走,游客不来,但村民从来都在,是否村子的发展这次可以把话筒交还给他们。"(学生:姚翀)

"对于乡村而言,发展与保护,是一对彼此纠缠、密不可分、既相互依存、又相互冲撞的命题。"(指导教师:华晓宁)

"这次历史文化名村工作营是一次既充满挑战又饱含回忆的体验。"(学生:王小元)

"我们还利用数字化倾斜摄影技术对两个村落进行现状还原。"(学生:文啸)

"通过实地调研、圆桌论坛和联合布展等形式,积极推动了行业专家与各校师生之间的友好交流,取得了丰硕的成果。"(指导教师:方遥)

"明月湾集中连片论坛上各位专家的侃侃而谈更是加深了我对于传统村落连片保护模式的认识。"(学生:张浩然)

"从'以租代售、整体开放'到'传统村落集中连片保护',个中经验与教训、机遇与困难都对历史文化名村乃至对名城/名镇具有积极的意义。"(指导教师:张昊雁)

"与多主体的深入访谈暴露出古村的保护利用绝不是简单的物质环境的修复,协调好多元主体之间的利益关系更是亟待解决的难题。"(学生:吕思悦)

"在这两个月中,我们和彼此、和村子里的人们建立了更强的连接。三德堂老板娘做的银鱼莼菜汤,跑堂小哥在团队里面有人过生日时候送的几朵荷花,还有只有本地人知道的太湖码头落日。"(学生:王淑娴)

"其中最让我印象深刻的是在村落中寻访村民,发放问卷的部分。过程中锻炼了自我的沟通能力,听到了很多村民的心声。"(学生:田靖)

"倾听当地居民的声音,了解他们的需求,才能使得村庄的更新更具可行性和深度。"(学生:潘艺灵)

"本次工作营,给予了我们机会从设计课堂走向阡陌乡野,综合运用所学知识,发现问题、解决问题。我们将持续为弘扬传统文化、振兴乡村助力!"(学生:马腾宇)

"这次工作营令我们意识到村落保护工作的核心不是传统建筑的物质修复,抑或是街巷环境的视觉美化,而是亟需发掘和分析村落中碎片化的历史资源,将其有机整合,连点串线成片形成乡村整体保护区域。"(学生:蔡殷琪)

"学生们抱着向乡村学习的态度走进乡村、融入乡村、理解乡村，努力跳出城市规划设计的思维定式，尝试全方位地解决乡村中出现的各种问题，这种精神和热情让我很受感动。"（指导教师：张潇）

"乡村的设计需因地制宜。不将自己代入乡村身份，与乡村共鸣，很难得出适宜的设计。"（学生：席建龙）

"调研过程充满着汗水与欢笑，记得在突如其来的暴雨中奔跑时苦恼避雨场所的缺失，通过匆匆来往的游客发现村落留不住人的痛点，在河边走到腿酸却没有座椅休息感到无奈……"（学生：戚雨田）

"扬州大学团队以'公共空间活化设计'为基点，探索通过复原历史文化名村传统公共空间、回归日常生活的方式，激活历史文化名村活力。"（指导教师：洪小春）

"在坐下好好倾听乡村的声音之后，我才真正意识到，乡村振兴任重而道远。"（学生：崔敏）

"乡村振兴需要政府、企业、社会组织和个人等多方面的支持和合作，我们也在调研和活化设计之中不断进行思考和尝试，希望为乡村的发展和振兴注入一份力量。"（学生：张腾中）

"在酷暑中拍摄、在大雨中访谈、爬高钻低地测绘、水彩画换咖啡的满足……这是一次体验感满满的实践教学活动。"（指导教师：常征）

"古色古香的石砖，镌刻岁月痕迹的乌木横梁，鸡犬相闻的青石街巷唤醒了我们内心深处最为朴实的情感。"（学生：胡雪琪）

"期间，我们针对村落本身的情况不断完善调研的方式方法，提高了和村民、游客有效沟通交流的能力。之后思考两个村存在的问题，以此为据，确定活化设计选址及理念，使设计融入环境、真正能利于居民及游客使用。"（学生：刘帆）

"以务实和良好的心态去感受乡村生活，深刻认识和研究古村落现状和问题，为致力于成为优秀的美好乡村践行者积累宝贵经验。"（指导教师：范占军）

"在实践调研过程中，切身感受到乡村的风土人情，对乡村有了更加深刻的认识和理解，我们也希望能为乡村的可持续发展贡献微薄的力量。"（学生：周汉颖）

"我记得村民大叔粗糙的手捏着尺子，为我们讲解村里人自创的造房尺寸，也记得老奶奶独自守着历史底蕴深厚却已略显荒芜的院子，欢迎我们远道来看她……"（学生：唐圣淇）

"十三五"国家重点研发计划
基于传统村落整体风貌保护的现代设施植入技术研究
（2020YFC1522304）

附录：传统村落基础设施管线植入和基本生活设施改造提升技术指南

总　　则
基础设施
公共建筑
传统民居

编写组
传统村落基础设施管线植入和基本生活设施改造提升技术指南课题组

本附录来源于国家重点研发计划《传统村落保护适宜性技术和活态利用策略研究》中的"基于传统村落整体风貌保护的现代设施植入技术研究（2020YFC1522304）"课题研究，以及在江苏省乡村规划建设研究会立项的同名课题。本课题由东南大学建筑学院龚恺、李向锋、李新建、金星、张嵩老师所带领的各自团队联合研究完成。

本次研究的主要内容为：

一、以传统村落基础设施为对象，从其保护与改良技术、基础设施更新的适应性技术、需求导向下的基础设施植入技术等方面建立基础设施指南，内容涵盖道路、管线等与传统村落密切相关的类型。

二、以村落公共设施和户内生活设施为对象，从公共设施规划、改造和提升以及生活设施选用与布置策略、厨卫部品设计、村民自我更新技术等方面建立指南，其中村落公共设施涵盖村中公共建筑、室外活动空间等公共服务设施；户内生活设施以厨卫、空调热水器为重点。

综合以上内容的研究，制定《传统村落基础设施管线植入和基本生活设施改造提升技术指南》，本附录包含了该指南的主要内容。

参加该指南编辑的人员：
李新建　胡　石　李　岚　赵　元　白　颖
宋剑青　王天一　吴晓璇　廖　瑜　刘　硕　洪　云
农心韵　王媛媛　林星雨　何周睿　常逸凡　吴　薇
金　星　张　嵩
汪安楠　陈露芳　方逸之　冯鸿志　姜雪梅　陆京京　张雨秋

本指南适用于我国各级传统村落，其他历史文化名村和具有历史遗存和传统风貌的村落也可参照执行。

总则

0.1 以传承传统村落传统风貌特色为前提

文化遗产和传统风貌是传统村落的价值核心和魅力之源，传统村落基础设施的改善必须以保护展示文化遗产，延续传统风貌特色为前提，尽量减少对传统格局的破坏和改变。

0.2 以创造可持续的生产生活环境为目标

不同于一般文物古迹，传统村落一直发挥着重要的生产生活功能。改善村民居住条件和生活品质，提升农副和文旅产业发展机会，是传统村落实现基础设施植入和改造提升的终极目标。

0.3 以因地制宜的适应性技术和管理为手段

不应盲目追求"现代化、城市化、高科技"等目标，也不能硬套现行规范，而应适应实际自然、经济和社会条件，灵活综合地采用各种规范内或规范外、先进或传统的技术和管理手段。

0.4 以村民主体参与和政府主导实施为保障

传统村落基础设施建设是各级政府财政理应投入的公益性事业，鼓励引入多元民间资本，但必须确保政府主导地位。村民是村庄各项工作的主体，应确保其充分参与并从中实际受益。

苏州吴中明月湾
保持传统风貌是传统村落基础设施改善的前提条件。

无锡江阴华西
改善基础设施不应模仿城市和新村模式大拆大建。

南京江宁佘村
设施齐全的传统民居满足生产生活要求，受游客喜爱。

南京溧水李巷
宜在保持村民居留、延续社会结构的前提下开展文化旅游。

武汉
大型地下综合管沟等高科技手段未必适用于传统村落。

苏州吴中后埠
传统、简单的明沟系统即可满足传统村落排雨要求。

基础设施

1.1 供水给水设施

（1）饮用水水源：饮用水优先考虑从附近城镇管网集中供水，或数村联建小型自来水厂，实在没有条件的，可以自建供水机井，并利用山地高差设置高位储水设施。

（2）优先保证饮用水供应：给水容量优先保证村落人口饮用需求，接入城市给水管网或自建自来水厂等，有条件的地区可考虑户均一套盥洗浴室和抽水马桶。

（3）消防供水机制：考虑节约地下空间和维护成本，一般采用生活、消防合用供水管网。消防水源亦可来自结合村落地形地貌设置的水池、水库、雨水收集池或高位储水设施。

（4）其他水源水体：村落内地表水体，宜通过疏通或彼此联系，成为可流动的活水，宜与主要水系连通，并注意保持和展示其在风水文化上的意义。如有水井，应维持其一定的使用功能，有条件的用于饮用，无条件的用于盥洗、庭院灌溉，保持地下水的循环更新。

（5）自来水费的收取：不宜一味追求"三表出户"，既影响传统景观，又增加空间、投资、维护要求。可采取传统人工收取水费方式，本身既增加村落居民就业的机会，也增进邻里交往。

无锡惠山礼社

苏州吴中杨湾

村落内地表水应尽量疏通为活水，并可兼作消防水源。

连云港连云大竹园

无锡宜兴洑西

山涧泉水既可灌溉又可直饮，有极好的景观性，可考虑其参与村落整体规划供水设施。

重庆武隆广坪

无锡锡山严家桥

水资源紧缺的地区，应综合利用地表水、深井水、雨水集蓄等供水方式，并节约用水。

"三表出户"将增加投资、空间和管线需求，且影响传统景观，不宜在传统村落推广。

1.2 雨水污水设施

（1）结合传统的雨水排水和收集系统：调查研究和保护恢复传统的雨水排水和收集系统。沿用原有的边沟、明沟或暗渠排水系统，以及地面径流、汇流方式就近排入河湖塘等天然水体，或汇入结合景观、消防设置的雨水收集池。

（2）雨污定额计算：保持村落多土质地面，保持硬质铺装的透水性，在雨水计算中径流系数和重现期可小于当地城市水平，可减少管径和投资。考虑到村落中一般的盥洗污水常用于庭院浇灌，故污水量占给水量的比值可略低于一般城市定额。

（3）污水管网和集中式污水处理的可行性：有条件（街巷空间、经济）建设污水管网和污水处理厂的村落，院落污水可直排入污水管网，汇入污水处理厂处理。

（4）分散式污水处理系统：无条件建设污水管网，或污水管网无法到达的院落，可采用新型化粪池，院落空间紧张的宜采用地埋式小型污水处理装置。

（5）鼓励和农村沼气绿肥体系结合：现阶段无法接入城市污水处理厂的村落，可自建小型污水处理厂，更鼓励分散或集中转化为绿肥、沼气等，变废为宝。

（6）公厕选点：宜用既有建筑改建，一般不必单独新建。

苏州吴中杨湾
古村落如有适合本地气候、行之有效的排水系统，应调查研究、保护展示并恢复其功能。

镇江句容白沙
降雨少地区通过地面径流、边沟等即可排出雨水，一般无需敷设管道。

苏州吴中杨湾
合理的传统雨水排水方式可以延续，不必一律纳入雨水管。

苏州吴中后埠
历史巷道内的排水明沟，如无排水沟则易导致墙根积水和墙基酥碱。

泰州姜堰小杨
当无法集中敷设管网，可采用多种新型分散式污水处理设施，但应注意后期维护。

山西榆次后沟
缺水地区宜使用生态旱厕卫生节水，且可产绿肥。

1.3 电力电信设施

（1）电力容量超前规划：传统村落的电力容量应满足未来村落发展需求，适当超前。同时，针对传统村落的现状，应强调对老化线路和电力设备进行排查和更新，消除电气火灾隐患。

（2）电力电信管线下地：传统村落中有条件的要全部实现电力电信缆线的下地敷设，以恢复传统风貌。地下空间或经费实在不足的，也可沿墙敷设。如电信"无线化"后，电力电缆数量不多，也可用传统的木杆空中架设，形成独特的景观，但应谨慎规划电杆的位置、高度和形式。

（3）路灯无线化：路灯的色彩、造型应专门设计或慎重选择，安装应尽量"无线化、无杆化"，即不采用专用照明线，而采用新型的太阳能路灯；或可与家用照明线合并，通过管理措施落实到家庭负责维护，用电量单独计量或定额支付；或尽量采用附墙式、门头式等无杆安装方式。

（4）电话、网络、电视争取"无线化"：考虑传统村落可能地处偏远，地下空间紧张，建议通过"无线固话"、村落外围设无线网络基站、卫星电视基站等成熟技术解决村落通信问题。

（5）设施风貌化：变配电室、配电箱、电话交接箱、公用电话亭等应尽量结合既有建筑室内安装，以减少对景观的影响。

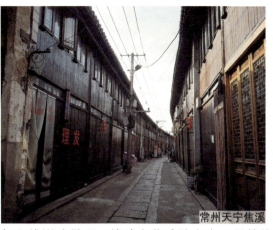
常州天宁焦溪

泰州姜堰小杨

架空线影响景观，线路老化威胁安全，是传统村落普遍问题。

南京高淳漆桥

无锡惠山礼社

管线下地后，历史景观更为完整。

扬州仪征三茅

通信（电话、电信、网络、电视）无线化技术成熟，应大力推广。

镇江新区儒里

传统村落不宜采用路灯专用线和灯杆，应尽量附墙安装，与家用照明线合并。

1.4 管线综合设施

（1）传统村落管线综合的适应性内容：

a）地下敷设以适应传统风貌的完整；
b）减少水平间距以适应狭窄街巷；
c）减少埋深以适应历史建筑的浅基。

（2）适应性直埋管线综合技术：传统村落内部管线多为支线以下、直接面向用户的管线，管径、容量常较小。其具体情况需结合街巷宽度等现实因素，选择合适的敷设方式。

（3）直埋管线的优先顺序：如地下空间不足，应首先考虑减少管线种类，一般而言，管线的优先顺序为：给水、电力、污水＞雨水、电信＞燃气、供热。

（4）充分利用密集街巷体系敷设管线：利用传统村落街巷狭窄但密集的特点，将不同的管线铺设在建筑群四周不同街巷中。

（5）因地制宜的管线综合技术选择：地下空间不足的传统村落，应用直埋闸管、阀门和非标准管井、预制塑料管井等新设备以节约空间。有经济条件但街巷地下空间严重不足的传统村落，可发展综合管沟技术，解决各类市政管线的敷设问题。

（6）露明设施风貌化：所有雨水口、管井盖等露明设施宜数量少、尺寸小、造型简洁，并宜反映传统村落的特定文化内涵。

结合传统盖板暗渠形式，利用隔墙减少管线的直埋敷设方式。

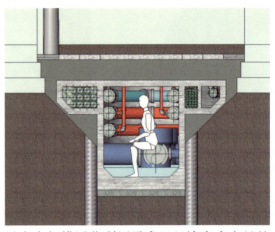

具有大规模活化利用需求且经济实力充足的村落，可在狭窄街巷内敷设微型综合管廊。

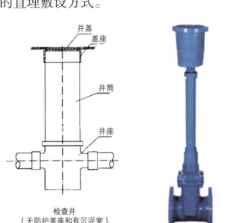

节约路面地下空间的管道设备。（左：新型塑料检查井；右：直埋软密封闸阀）

管道井盖的风貌化设计示例。

消火栓彩绘美化案例。

雨落水管的风貌化设计案例。

公共建筑

2.1 建设选址

（1）统筹考虑公共配套设施的服务半径和交通可达性。

（2）为旅游服务的配套设施则应考虑和村落外部道路顺畅衔接。

（3）如村落较为分散则应考虑分层级设置公共配套设施，在距离较远的自然村设置综合服务站点，满足公共配套服务职能的全面覆盖。应结合乡村的地形特征，以交通时间而非直线距离评估公共设施的服务覆盖范围。

（4）宜结合村落既有重要公共活动节点加以建设，包括祠堂、晾晒场地、戏台等。

（5）植入公共配套设施时应充分利用既有建筑，可利用的既有建筑包括祠堂、仓库等。

（6）既有建筑改造为公共配套设施的过程宜采用"渐进式""微更新"的方式。

苏州吴中明月湾

常州天宁焦溪

应结合村落既有外部公共空间，提升照明、给水排水、垃圾、供电等设施。

泰州姜堰湖南

泰州姜堰湖南

应维持村落外部空间的原有功能。

常州天宁焦溪

常州溧阳沙涨

乡村仓库、学校、厂房等废弃建筑再利用均应满足结构、消防安全。

2.2 建筑体量布局

（1）公共配套设施的体量、布局需考虑和既有村落肌理统一。

（2）山地村落植入公共配套建筑应充分考虑其天际线和近处、远处山体的协调关系。

（3）平原村落植入公共配套设施应和整个村落建筑的高度、体量协调。

（4）滨水村落应重视滨水界面不同视角的轮廓效果，需充分考虑水体的尺度和走向，确定植入公共配套设施的天际线特征。

（5）宜采用分散式布局减少建筑体量，宜以院落组织多个功能空间。对于空间体量较大的村民剧场等公共活动空间应重点考虑其体量处理，避免对传统村落风貌产生负面影响。

（6）村民文化活动场所可以以庭院空间、檐下空间等"灰空间"呈现。

（7）公共服务设施室外环境应体现开放性、公共性，使之成为室内空间的延续，成为为村民、游客和其他人员休憩、娱乐、交流的场所。

苏州吴中明月湾

公共配套设施应和村落肌理协调，以"织补"的方式维持和强化该村落肌理典型特征。

常州溧阳方里

村落肌理呈现为某种图案时，应避免破坏该图案，可在该图案外部植入公共设施。

镇江新区儒里

公共设施应避免过高、过大，避免天际线轮廓与既有村落建筑群体差异过大。

苏州昆山武神潭

应重点考虑滨水岸线界面特征的协调统一。

泰州姜堰湖西

宜采用分散式布局，减小建筑体量。

南京溧水李巷

公共设施的尺度远大于村落既有建筑，对村落风貌产生不利影响。

2.3 建筑界面

（1）公共配套建筑应考虑与既有建筑的界面关系，维持或修补界面的连续性。

（2）重要的公共空间节点如戏台、宗祠、晒谷场等，宜以连续建筑界面围合限定，公共配套设施应避免喧宾夺主。

（3）滨水岸线植入公共服务设施应考虑使用者与滨水岸线的互动关系，宜设置开放的观景台、露台、步行道等。

植入的公共配套设施延续了线性的街巷空间。

植入公共配套设施强化了村外部公共空间的限定。

结合公共设施植入，提升滨水界面的公共性。

2.4 材料建构

（1）公共服务设施应充分尊重当地现有的建筑界面材料和建构特征，选取一致或者较为类似的材料及其建构方法，避免低俗模仿传统材料和施工工艺。

（2）鼓励以现代施工工艺、工法替代传统施工工艺、工法，在维持乡村特色的同时，实现更好的建筑性能、达成现代与传统的对话和延续。

（3）宜使用可持续性材料，如可回收材料或环保材料。

（4）公共服务设施需要考虑虚实关系和洞口特征，应与村落传统风貌相协调。

（5）服务设施可保留传统乡村建筑的建构特征和细节处理，如梁柱、檐口、屋脊的构建关系，砌缝方式、檐口雕刻、屋脊装饰等。

（6）宜使用传统风格仿制材料，使其在外观上与传统乡村建筑保持一致，同时体现现代材料的性能优势。

（7）宜对当地传统装饰元素进行提取，适度简化、抽象后加以应用。

（8）公共配套设施屋顶形式应该参考周边建筑。坡屋顶建筑应在屋顶坡度、坡向、出檐长度等方面和周边传统建筑协调。

植入公共配套设施的建筑材料应与村落既有建筑协调统一。

公共设施材料和建构方式过于现代，与村落风貌较为抵触。

利用乡村废弃材料，获得新老建筑的协调关系。

现代的屋面做法。

现代的墙体砌筑方法。

传统民居

3.1 供冷供暖照明设施

（1）供冷供暖设施植入时应先了解居民的供冷供暖习惯和需求，以"分时分区"供冷供暖原则为主。

（2）夏热冬冷地区高采暖需求用户宜植入空气源热泵，低采暖需求宜植入电暖风机、电辐射采暖器等；生物质资源丰富且当地有生物质颗粒生产厂家的农村适宜于植入生物质颗粒采暖炉。

（3）空调外机宜用木质格栅或花草植被等隐藏，避免直接暴露于居民或游人视线中。

（4）采用生物质燃烧设备采暖时，生物质设备的烟囱应安装在相对隐蔽处，选择与传统烟囱类似的形式、材质和颜色，使其不破坏当地建筑风貌。

（5）宜选择高效、节能的灯具和光源，如LED灯等，不宜采用荧光高压汞灯和普通照明白炽灯，同时考虑灯具的造型和颜色与农宅相协调。

（6）宜采用太阳能、沼气等可再生能源作为照明能源，太阳能灯的设计应与建筑、街道等相协调，以保持村落的传统文化特色。

为满足夏热冬冷地区低采暖需求，用户宜植入电辐射采暖器、电暖风机等。

生物质资源丰富且当地有生物质颗粒生产厂家的农村适宜于植入生物质颗粒采暖炉。

宜用木质格栅或花草植被隐藏空调外机，减小其对风貌的影响。

宜将烟囱安装在相对隐蔽处，如屋顶上，形式、材质和颜色与传统烟囱相似。

宜选用与农宅整体风貌相协调的节能、高效灯具。

太阳能光伏板直接位于灯具表面不起眼的位置，保证了光能来源。

3.2 厨房设施

（1）习惯使用柴薪烹饪的家庭，应安装省柴灶；厨房烟囱突出原有建筑的部分应附着与原有建筑外墙面或屋面相一致的颜色的材料，不宜将金属管直接暴露于建筑外。

（2）人字坡屋顶可考虑植入天窗，天窗位置应同时考虑采光和排烟；天窗宜安装在常用灶具上方附近；天窗上方如有遮盖，应采用与原始屋面相同的颜色。

（3）燃气灶宜放置在当地主导风向作用下的厨房门窗出口附近；厨房宜植入抽油烟机、排风扇等机械排烟装置，油烟机应安装在常用灶台的正上方，排风扇应安装在与灶具相邻的墙壁上；排烟装置能同时为柴火灶与燃气灶排烟更佳。

（4）安装抽油烟机的墙面下方及周围区域宜采用便于清洁的贴砖或涂料，同时其安装位置宜便于清洁，颜色与其他墙面保持一致。

（5）厨房宜植入多功能橱柜，橱柜应根据操作者身高、动作范围等进行设计，有老人居住的家庭应做适老化设计。

省柴灶的装修风格与环境协调，在保障高效节能的同时呈现出一种和谐的视觉效果。

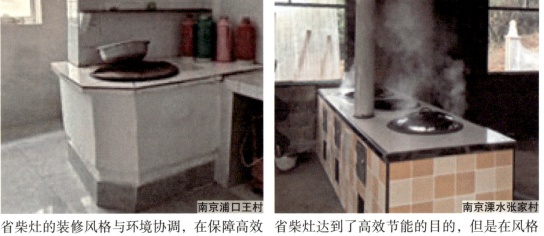
省柴灶达到了高效节能的目的，但是在风格控制上与环境并不是很协调。

未合理布置方便清洁的贴砖或涂料，不便于清洁，使环境在日复一日的使用中逐渐恶化。

合理布置方便清洁的贴砖和涂料，日常使用中合理地进行打扫，保证了环境的清洁。

使用封闭一体式的现代橱柜，在密闭性上更有优势，同时达到储物的功能效果。

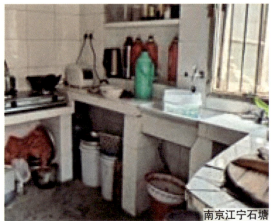
使用传统开放式的橱柜，在可达性上更有优势，同时达到储物的功能效果。

3.3 卫生间设施

（1）室内外卫生间宜采用配套延时自闭式冲洗阀的水冲式厕所，不宜使用旱厕蹲坑。

（2）室内卫生间位置宜合理利用民居内闲置空间资源，在有限空间内进行植入设计，但不应破坏房间格局。

（3）室外卫生间位置宜设于庭院较为隐蔽的位置。

（4）室内卫生间宜兼顾盥洗、便溺和洗浴三种功能，可适当兼顾清洁洗衣功能；应根据房间内空间合理布局卫生间功能形式。

（5）室外卫生间宜至少配置盥洗和便溺两种功能；应根据房间内空间合理布局卫生间功能形式。

（6）卫生间内部装饰宜采用易于清洁的瓷砖，便于清洁打扫。

（7）粪便收集处理宜采用排污管网、沼气化粪池或三格化粪池，不宜采用露天粪坑。

山东聊城前姜村
旱厕蹲坑夏季有蚊蝇滋生，有异味、不卫生，应逐步被取代。

泰州姜堰冯庄
水冲式厕所S弯隔绝厕所异味，更加干净卫生，方便使用。

南通通州余西
室外卫生间位置宜设于庭院较为隐蔽的位置，如庭院的一角或主屋后院角落。

南京江宁牌坊

徐州睢宁高党
粪便收集处理宜采用排污管网、沼气化粪池或三格化粪池等形式，更加干净卫生。

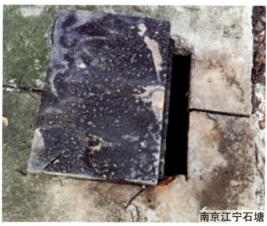
南京江宁石塘
露天粪坑、尿池直接与空气接触，不干净卫生，且影响村落传统风貌。

3.4 庭院设施

（1）地面铺装宜就地取材，宜采用青石板、灰砖、卵石等地方乡土材料，不宜采用大块水泥、三合土等材质。

（2）院墙宜采用木质格栅、绿篱等具有当地特色的乡土材料围合而成，可以是开放型或半开放型，不宜采用高大封闭的实体围墙。

（3）宜根据村民需求在庭院内搭建可伸缩易清洁的遮阳挡雨棚，不宜直接采用透明瓦、铁皮板。

（4）晾晒衣物宜采用折叠式晾衣架或专门的晾晒棚，不宜随意拉扯晾衣绳。

（5）粮食宜在晒台或庭院内搭建结合竹晒笪的晒谷架或悬挂晾晒，不宜直接晾晒在道路上。

（6）宜根据村民生活习惯，灵活植入凉台、棚架、桌椅、坐凳等设施，宜与爬藤类等绿色植物结合设计。

（7）车辆宜停放在专门的停车库、停车棚内，不宜随意停放在路边或庭院；宜配备可供电瓶车、三轮车充电的充电桩，不宜采用随意拉扯电线的方式。

南京江宁前杨柳

庭院遮阳挡雨设施不宜直接选用透明瓦、铁皮板等影响传统乡村风貌的材质。

南京溧水张家村

庭院遮阳挡雨设施不宜直接选用透明瓦、铁皮板等影响传统乡村风貌的材质。

常州天宁石堰

粮食晾晒不宜直接晾晒在街边马路上，影响道路正常使用，且对村民人身安全存在隐患。

泰州姜堰冯庄

晾晒粮食宜在晒台或庭院内搭建结合竹晒笪的晒谷架或悬挂晾晒，不破坏传统风貌。

泰州姜堰冯庄

车辆不宜随意停放在路边或庭院内，存在安全隐患，不宜采用随意拉扯电线的方式。

南京江宁石塘

车辆宜停放在专门的停车库、停车棚内，宜配备可供电瓶车、三轮车充电的充电桩。

参考文献

[1] 江苏省苏州市吴中区《金庭传统村落合志》编纂委员会. 金庭传统村落合志 [M]. 扬州：广陵书社，2021.

[2] 徐耀新. 历史文化名城名镇名村系列：陆巷村 [M]. 南京：江苏人民出版社，2017.

[3] 江苏名镇名村志编纂委员会，苏州市吴中区东山镇陆巷村志编纂委员会，江苏省地方志编纂委员会办公室. 陆巷村志 [M]. 南京：江苏人民出版社，2022.

[4] 徐耀新. 历史文化名城名镇名村系列：明月湾村 [M]. 南京：江苏人民出版社，2017.

[5] 《石公村志》编纂委员会. 石公村志 [M]. 苏州：古吴轩出版社，2019.

[6] 徐耀新. 历史文化名城名镇名村系列：礼社村 [M]. 南京：江苏人民出版社，2017.

[7] 徐耀新. 历史文化名城名镇名村系列：杨湾村 [M]. 南京：江苏人民出版社，2017.

[8] 江苏名镇名村志编纂委员会，苏州市吴中区杨湾村志编纂委员会. 杨湾村志 [M]. 南京：江苏人民出版社，2019.

[9] 徐耀新. 历史文化名城名镇名村系列：东村 [M]. 南京：江苏人民出版社，2018.

[10] 徐耀新. 历史文化名城名镇名村系列：焦溪村 [M]. 南京：江苏人民出版社，2018.

[11] 江苏名镇名村志编纂委员会，常州市天宁区焦溪村志编纂委员会. 焦溪村志 [M]. 南京：江苏人民出版社，2019.

[12] 徐耀新. 历史文化名城名镇名村系列：三山村 [M]. 南京：江苏人民出版社，2017.

[13] 江苏名镇名村志编纂委员会，苏州市吴中区三山村志编纂委员会，江苏省地方志编纂委员会办公室. 三山村志 [M]. 南京：江苏人民出版社，2022.

[14] 徐耀新. 历史文化名城名镇名村系列：漆桥村 [M]. 南京：江苏人民出版社，2018.

[15] 徐耀新. 历史文化名城名镇名村系列：余西村 [M]. 南京：江苏人民出版社，2019.

[16] 徐耀新. 历史文化名城名镇名村系列：杨柳村 [M]. 南京：江苏人民出版社，2017.

[17] 何人，余忠良. 杨桥古街 [M]. 南京：凤凰出版社，2015.

[18] 无锡市锡山区羊尖镇严家桥村志编纂委员会，江苏省地方志编纂委员会办公室. 严家桥村志 [M]. 南京：南京出版社，2022.

后记

本书记录的是 2023 江苏传统村落工作营对江苏所有的历史文化名村的调查，这次工作是由江苏省乡村规划建设研究会乡村历史文化保护利用专业委员会与江苏省城镇与乡村规划设计院有限公司共同组织本省八所有建筑学专业的高校联合以工作营的形式举行，这八所高校大多在样本村所属的城市里，对当地的历史文化有一个基本的了解。调查采用规定动作和自选动作相结合的方式进行。规定动作是四份设计后的问卷，各校需深入村庄，通过发放问卷、走访、摄影摄像相结合的形式，在江南最为炎热的 7—8 月份下到各村进行实地调查；自选动作是希望各校发挥自己教学特色，在问卷的基础上对村子有更生动的了解。各校在 7 月中和 8 月底的两个节点上汇聚到一起，相互交流，取长补短，探讨调查的经验和体会。

本次调查最初的设定主要在四个方面采用不同的方式进行：①村庄场景的变化（新旧照片比对）；②人口数量的变化（数据统计）；③村民的主观感受（问卷调查）；④逐年工作政策（干部访谈）。希望通过"解剖麻雀"的方式，获取村落近 20 年来的大数据，从而建立起对现状的整体印象。

这样的设想和方式主要是基于以往对传统村落的调查大多会关注"物"而少关注到生活在这里的"人"，村庄的载体（建筑、街巷、河流、广场……）通过各村的保护规划，都有旧时的照片，通过新旧照片比对，很直观可以看出 20 年来的变迁；问卷的设计是关心村里的人对村庄建设的认同感；而对村干部的访谈，则希望能了解到村子的整体情况。同时，我们也鼓励各校采用多元化的工作方法，以取得多样化的成果。

实际操作中，为期近三个月的工作营利用建筑学高校的特点，在前一个月充分阅读原有资料的基础上，各校利用暑假进村调查和分析整理近一月，各个高校可能是较长时间待在村里工作，也可能是多次进村，收集不同时段、节假日的数据，根据在每个村发现的不同问题，在最后一个月中提出村落活化的概念设计。因此，本次的工作营既不仅仅是一个设计竞赛，在竞赛中，重点往往会落在最后的设计上，而前期的调查会流于形式，或是一种"拍照式"调查，也不是光发问卷、做统计，而是希望发挥建筑学的特点，能在空间设计上为这些村落活化做出创意来。

本次工作营针对发现问题所做的活化设计（针灸、产业……）有区别于以往的保护更新设计，这次设计的概念是基于经典遗产与活态遗产认知的区别，经典遗产即"博物馆"式的保护，它是关注"物"和专家的价值观优先，而活态遗产则以核心社区的价值观优先，重视使用上功能的连续性。

从最后的成果来看，工作营的设计主要侧重在两个方面：规划和单体。规划可能更多地从系统上去研究名村问题，而单体则不是仅考虑某栋建筑，它可能是村落中的一个节点或是外部空间的设计。各校师生基于三个月对江苏名村的理解，给出了丰富多彩的答案。

感谢各村的联系人员：张一鸣（陆巷），刘婧（明月湾），陈稼恒（礼社），徐春福（杨湾），吴惠生（东村），汪春义、刘元兴（焦溪），夏俊马（三山），朱德阳（漆桥），曹忠汉（余西），钟超（杨柳），徐立平（杨桥），偰亚伟、杨继（沙涨），毛玉芬（九里），邱伟诚（华山），贡伯健（柳茹），朱斌、蔡新艳（严家桥）等对进村入户调查工作的热情支持，使得各校师生很快与村民拉近了距离。

最后，感谢江苏省乡村规划建设研究会对本次活动的整体过程给予全程的关注和支持，感谢江苏省城镇与乡村规划设计院有限公司，作为专委会依托单位，对本次活动在人员和财力上给予了充分的保障，感谢参加本次"2023江苏传统村落工作营"的百余位师生，正是因为你们，才有这本书中的成果呈现。

本书编写组
2023 年 11 月